教师的沟通艺术

JIAOSHI DE
GOUTONG YISHU

谢志海◎著

黑龙江人民出版社

图书在版编目(CIP)数据

教师的沟通艺术／谢志海著. — 哈尔滨：黑龙江
人民出版社，2018. 10
ISBN 978 – 7 – 207 – 11038 – 1

Ⅰ. ①教…　Ⅱ. ①谢…　Ⅲ. ①教师—人际关系学
Ⅳ. ①G451

中国版本图书馆 CIP 数据核字(2018)第 241318 号

责任编辑：姜海霞
封面设计：鲲　鹏

教师的沟通艺术
谢志海　著

出版发行　黑龙江人民出版社
　　　　　地址　哈尔滨市南岗区宣庆小区 1 号楼（150008）
　　　　　网址　www.hljrmcbs.com
印　　刷　北京一鑫印务有限责任公司
开　　本　880×1230　1/32
印　　张　4.375
字　　数　100 千字
版次印次　2018 年 10 月第 1 版　2020 年 7 月第 2 次印刷
书　　号　ISBN 978 – 7 – 207 – 11038 – 1
定　　价　22.80 元

前　　言

　　教师是一个神圣的职业,对于从教者本人具有极高的要求。好教师不是简单学来的,而是一个人的人格和修养长期积累的结果。由于教师的职业单调并缺少回报,工作超负荷和扮演角色过多,教师非常容易陷入无热情、对待受助者冷漠等消极情感状态。教师的职业倦怠,从根本上来说,与教师的职业内容——与人打交道——有关。有关研究发现,凡是与人打交道的职业都会存在不同程度的职业倦怠,职业倦怠现象严重的职业包括警察、律师、医生、导游等。为什么与人打交道的职业易出现职业倦怠?这是因为这些与人打交道的职业不仅是为人服务,而且要把控制人和管理人作为职业要求。也就是说,这些职业多少都要求从业者把自己的意志强加给受助对象,用自己的想法、情感和行为去影响他人。

　　本书从教师沟通的角度出发,主要分为两个部分:一是教师之间的沟通,二是师生之间的沟通,通过这三方面的研究,一方面为教师沟通工作提供更加明确的发展方向,另一方面使得教师的沟通质量不断提高,为教师的教学有效性提供坚实的保障。

2018 年 9 月

目　　录

上篇　教师之间进行有效沟通的艺术

第一讲　沟通的简要概述

　　沟通,是建立人际关系的桥梁,没有沟通就没有人际的互动关联,人与人之间的关系就可能会处于僵硬、隔阂、冷漠的状态,就可能出现很多误解、误会,给工作和生活带来极大的害处。现代的世界是个沟通的世界,沟通已成为一个人在发展中最重要的核心竞争力,或者说在现实生活中生存所不可缺少的能力。沟通对于提高自身技能尤为重要,是我们应掌握的首要技能。那么,什么是沟通? 沟通的定义是什么?

一、什么是沟通

　　沟通的定义在不同语言和学科中表达有所不同,但意思相同。

　　英文:交流、交往、传达、交通、通信等。

　　汉语:沟者,构筑管道也;通者,顺畅也。原指开沟使两水相通。后泛指两方相通连,也指疏通彼此的意见。

　　交际学:沟通是为了一个设定的目标,把信息、思想和情感在个人之间或群体间传递,并且达成共同的协议的过程。

　　心理学:沟通指信息的传递和交流的过程,包括人际沟通和大众沟通。人际沟通是个体与个体之间的信息,以及情感需要态度等心理因素的传递物交流的过程,是一种直接的沟通形式。大众沟通也指传媒沟通,是一种通过媒体中介进行的大众之间的信息交流过程。在本书中,我们研究的是人际沟通。

所谓沟通,是人与人之间的思想和信息的交换,是将信息由一个人传达给另一个人,逐渐广泛传播的过程。

二、沟通的目的

沟通的目的是让对方达成行动或理解你所传达的信息和情感,即沟通的品质取决于对方的回应。良好的沟通是要说对方想听的,听对方想说的。要想达到这个目的就必须进行有效的编码、解码与反馈。所以,真正的沟通力是100%的责任沟通,而不是"一个巴掌拍不响",或将"对牛弹琴"沟通责任彻底归于弹琴者。

提高沟通要弄清楚听者想听什么,通过认同、赞美、询问需求的方式实现,并以对方感兴趣的方式表达,如幽默、热情、亲和、友善。倾听时,用对方乐意的方式倾听,积极探询说者想说什么,设身处地、不要打断并积极回应、鼓励表达;控制情绪适时回应与反馈,最后确认理解,听完后澄清异议。

所谓沟通技巧,是指人具有收集和发送信息的能力,能通过书写、口头与肢体语言的媒介,有效与明确地向他人表达自己的想法、感受与态度,亦能较快、正确地解读他人的信息,从而了解他人的想法、感受与态度。沟通技能涉及许多方面,如简化运用语言、积极倾听、重视反馈、控制情绪,等等。

虽然拥有沟通技能并不意味着成为一个优秀的教师,但缺乏沟通技能又会使教师的生活和工作遇到许多麻烦和障碍。你勤勤恳恳地做事,和和气气地待人,但竟然在不知不觉间就得罪了人。为什么会这样呢？心理学家告诉你,有时候你无意间流露出来的优越感,可能会"暗箭伤人"。多个心眼做到三点,则可以避开"人际暗沟"。

1. 包装坏消息。美国汽车大王亨利·福特通常会安排助手去回复有求于他的人,有时在拒绝人时,都会格外恭敬地招待对方,如请他吃点心或午餐等。当然,换个角度说话也是必要的。比如导购员要告诉顾客她的脚一只大一只小,比起告诉他"您的这只脚比那只脚大",说"太太,您的这只脚要小于那只脚"更可能让顾客买单。

2. 大智若愚。追求卓越是每个人满足自己成就需要的必然,但小心别让自己完美的光芒刺痛别人的眼。特别是面对一些比较顽固、保守或对你有敌意的人,一开始不要总想着证明自己来让对方心服口服,适当地收敛一些、中规中矩,"润物细无声"地接近更多人。而后,再在适当的时候一鸣惊人。有一位管理心理学家就特别指出,即使是与下级讲话,也不要一口一个"我"字。

3. 不"抢功"。心理学发现,当人们发现领导出现一点个人主义的苗头,就会变得冷漠,甚至出现敌对的情绪。相反,藏身幕后、不那么抛头露面的领导更会受到普遍的尊重。《纽约世界报》的创始人和出版人普利策就曾对他的编辑们说,如果在一个紧急时期他所发的命令违背了该报的政策的话,编辑们可以不予理睬。学会谦让,在人际交往中绝对是"退一步海阔天空"的事。

第二讲　有效沟通的重要性

一、沟通的主要功能

沟通的功能主要体现在：

1. 沟通是获取信息的手段。

2. 沟通是思想交流与情感分享的工具。

3. 沟通是满足需求维持心理平衡的重要因素。

4. 沟通是减少冲突，改善人际关系的重要途径。

5. 沟通能协调群体内的行动，促进效率的提高，促进目标的实现。

沟通是连通人与人之间的一座桥梁，生活离不开沟通，只有学会及时沟通，扫除无缘而生的障碍，才能使我们的工作和生活变得更加美好。

在这里，我们强调的沟通不是无效的而是有效的、成功的沟通，在现实生活中我们也能看到一些关于沟通的例子，就比如有些人在一个单位经常待不了多久就辞职，其实不是他们不想做，他们都有这样的体会：我每天在做同样的事情，也没人跟我说为什么这么做，这么做的目的是什么，这样让我每天很迷茫，我感觉自己就是一机器，没有思想！这就是沟通不力。每个人都是一个有血有肉有想法的活生生的人，不是机器。光凭一句"不要问为什么，照做就是了"，怎么可能让人完全执行到位呢？单位又不是军队，只要服从军令就行了！由此可见，有效的沟通在我们的生活和工作中起着至关重要的作用。

我们一直认为，沟通不就是说话嘛，那不是很简单嘛，说话谁不会？问题的关键在于：如何进行有效的沟通，如何才能让"说话"达到你的目的，而不是适得其反？

有效沟通，首先心态要好，要克服自私、自大、自我，理解关心对方，换位思考，主动地去帮助对方。在单位里面工作，沟通表现得尤为重要。只有有效沟通，员工才能了解单位的政策，让员工觉得自己就是单位的一分子，单位的事就是自己的事，这样领导、单位的指令才有可能被执行到位。

有效沟通能否成立关键在于信息的有效性，信息的有效程度决定了沟通的有效程度。

二、信息的有效程度主要取决于以下几个方面

信息的透明程度。信息必须是公开的，但是公开的信息并不意味着简单的信息传递，而要确保信息接收者能理解信息的内涵。如果以一种模棱两可的、含糊不清的文字语言传递一种不清晰的、难以使人理解的信息，对于信息接收者而言没有任何意义。另一方面，信息接收者也有权获得与自身利益相关的信息内涵。否则有可能导致信息接收者对信息发送者的行为动机产生怀疑。

信息的反馈程度。有效沟通是一种动态的双向行为，而双向的沟通对信息发送者来说应得到充分的反馈。只有沟通的主、客体双方都充分表达了对某一问题的看法，才真正具备有效沟通的意义。

三、有效沟通的重要性

对单位来说，有效的沟通有利于准确理解单位决策，加强团队协作，提高工作效率，化解管理矛盾 。

《圣经·旧约》上说，人类的祖先最初讲的是同一种语言，日

子过得非常好,决定修建一座可以通天的巨塔。由于人们沟通流畅、准确,大家就心往一处想,劲头朝一处使,高高的塔顶不久就冲入云霄。

上帝得知此事,又惊又怒,认为人们能建起这样的巨塔,日后还有什么办不成的事情呢?于是,上帝决定让人世间的语言变成好多种,各种语言里而又有很多种方言。这么一来,造塔的人言语不通,沟通经常出现误会、错误,巨塔就再也无法建造了。

由此可见,如果一个团队能够沟通顺畅。上下合力,所爆发出来的力量是上帝都害怕的。所以沃尔玛公司总裁沃尔顿说:"如果你必须将沃尔玛管理体制浓缩成一种思想,那可能就是沟通。因为它是我们成功的真正关键之一。"

单位决策需要一个有效的沟通过程才能施行,沟通的过程就是对决策的理解传达的过程。决策表达得准确、清晰、简洁是进行有效沟通的前提,而对决策的正确理解是实施有效沟通的目的。在决策下达时,决策者要和执行者进行必要的沟通,以对决策达成共识,使执行者准确无误地按照决策执行,避免因为对决策的曲解而造成的执行失误。

一个单位的群体成员之间进行交流包括相互在物质上的帮助、支持和感情上的交流、沟通,信息的沟通是联系单位共同目的和单位中有协作的个人之间的桥梁。同样的信息由于接收人的不同会产生不同的效果,信息的过滤、保留、忽略或扭曲是由接收人主观因素决定的,是他所处的环境、位置、年龄、教育程度等相互作用的结果。由于对信息感知存在差异性,就需要进行有效的沟通来弥合这种差异性,以减小由于人的主观因素而造成的时间、金钱上的损失。准确的信息沟通无疑会提高我们的工作效率,使我们舍弃一些不必要的工作,以最简洁、最直接的方式取得理想的工作效果。在信息的流动过程中必然会产生各种矛盾和阻碍因素,只有在部门之间、员工之间进行有效的沟通才能化解这些矛盾,使工作顺利进行。

对个人来说,有效的沟通有利于建立良好的人际关系,让生活更美好,让工作更舒畅、更轻松,让人生少走弯路。

石油大王洛克菲勒说:"假如人际沟通能力也是同糖或咖啡一样的商品的话,我愿意付出比太阳底下任何东西都珍贵的价格购买这种能力。"由此可见沟通的重要性。

人与人的交流、沟通如果不顺畅,就不能将自己真实的想法告诉给对方,会引起误解或者闹笑话。

例如,南方的孩子没见过雪,所以不知道雪是什么东西。老师说雪是纯白的,儿童就将雪想象成盐;老师说雪是冷的,儿童将雪想象成了冰激凌;老师说雪是细细的,儿童就将雪想象成了沙子。最后,儿童在考试的时候,这样描述雪:雪是淡黄色,味道又冷又咸的沙。

人与人的交往,就是一个反复沟通的过程,沟通好了,就容易建立起良好的人际关系;沟通不好,闹点笑话倒没什么,但因此得罪人、失去朋友,就后悔莫及了。

有一个人请了甲、乙、丙、丁四个人吃饭,临近吃饭的时间,丁迟迟未来。

这个人着急了,一句话就顺口而出:"该来的怎么还不来?"甲听到这话,不高兴了:"看来我是不该来的?"于是就告辞了。

这个人很后悔自己说错了话,连忙对乙、丙解释说:"不该走的怎么走了?"乙心想:"原来该走的是我。"于是也走了。

这时候,丙对他说:"你真不会说话,把客人都气走了。"那人辩解说:"我说的又不是他们。"丙一听,心想:"这里只剩我一个人了,原来是说我啊!"也生气地走了。

沟通作为一个重要的人际交往技巧,在日常生活中的运用非常广泛,其影响也很大。可以说,人际矛盾产生的原因,大多数都可归于沟通不畅。

在国与国的交往中,特别强调"增加共识",实际上就是多进行有效的沟通。还有,人最怕的就是被冤枉,冤枉是怎么产生的?不就是因为沟通不畅或者沟通错误吗。

善于观察的人都知道,猫和狗是仇家,见面必掐。起因就是,阿猫阿狗们在沟通上出了点问题。

摇尾摆臀是狗族示好的表示,而这种"身体语言"在猫儿那里却是挑衅的意思;反之,猫儿在表示友好时就会发出"呼噜呼噜"的声音,而这种声音在狗听来就是想打架的意思。阿猫阿狗本来都是好意,结果却是好心得不到好报,反而当作了驴肝肺!

但从小生活在一起的猫儿狗儿就不会发生这样的对立,为什么呢?因为它们彼此熟悉对方身体行为语言的含义。因此熟悉对方的语言对于有效沟通十分重要。

现代社会,不善于沟通将失去许多机会,同时也将导致自己无法与别人协作。你我都不是生活在孤岛上的人,只有与他人保持良好的协作,才能获取自己所需要的资源,才能获得成功。要知道,现实中所有的成功者都是擅长人际沟通、珍视人际沟通的人。

一个人能够与他人准确、及时地沟通,才能建立起良好的人际关系,而且是牢固的、长久的关系,进而能够使得自己在生活上、事业上左右逢源、如虎添翼,最终取得成功。

第三讲 教师之间沟通障碍形成的原因

一、影响人际交往的心理障碍表现

(一)自负

自负的人经常会把自己看作拥有巨大价值的、优越的、绝顶聪明能干的人,只关心个人的需要,强调自己的感受,在人际交往中表现为目中无人。

(二)自卑

自卑的浅层感受是别人看不起自己,而深层的理解是自己看不起自己,即缺乏自信。自卑的人则根本看不到自己的价值,只看到了自己的不足,感觉什么都不如别人,处处低人一等,自己厌恶自己。

但令人费解的是,自负者最容易自卑,自卑者也最容易自负。大家都知道"二战"时期美国著名的五星上将马歇尔将军,他是美国陆军参谋长,战功显赫。可是许多人不知道,马歇尔在少年时期因学业不出色及常常受到家长体罚而非常自卑甚至自闭。后来,他上了军校,因为一次跟高年级同学打架,取得了上风,受到其他同学的追捧,一下子又变得很自负。整天趾高气扬,显得轻浮又浅薄。这个时候,是他的一位心理课老师主动找到了他,与他谈心,指出他从小就存在的心理问题,这给马歇尔很大震动。从此,他从心理上开始警惕自己的自负与自卑两种倾向,不断地在心理上"校正"自己,终于成了被丘吉尔称为"美国当代最后一位伟人"的人。

自负也好，自卑也罢，究其根源，是因为心灵的"闭关锁国"使然。一些人"独善其身"，孤芳自赏，颇有种"独来独往"的味道。而在我们现代社会里，无论在政治经济，还是在文化科技等领域，都比以往更迫切地需要人的团队意识和协作精神。一个人倘若把自己排除在社会之外，进行心灵的自我封闭，过于相信自己的感觉而无视社会跟他人的评价，这种小家碧玉式的自怜自爱只能使自己心胸狭窄、目光短浅，走上自负与自卑这两个极端。

自负是目光短浅，自卑是目光阴暗，自负的人最不能承受打击，而自卑的人最不能看到自己的实力。而要彻底摒弃自负与自卑这两种心理毒素，首先要在心理上时刻警惕着——自负的时候，问自己一句"与那些伟人相比，你又算什么"？自卑的时候，问自己一句"你还有哪些优点和长处"？

（三）羞怯

羞怯心理是绝大多数人都会有的一种心理。具有这种心理的人，往往在交际场所或大庭广众之下，羞于启齿或害怕见人。由于过分的焦虑和不必要的担心，使得人们在言语上支支吾吾，行动上手足失措。

（四）多疑

具有多疑心理的人，往往先在主观上设定他人对自己不满，然后在生活中寻找证据。

（五）忌妒

忌妒是对与自己有联系的、而强过自己的人的一种不服、不悦、失落、仇视，甚至带有某种破坏性的危险情感，是通过自己与他人进行对比，而产生的一种消极心态。忌妒的特点：针对性——与自己有联系的人；对等性——往往是和自己职业、层次、年龄相似而超过自己的人;潜隐性——大多数忌妒心理潜伏较深,体现行为时较为隐秘。

（六）干涉

有的人在相处中,偏偏喜欢询问、打听,传播他人的私事,这种人热衷于探听人的情况,并不一定有什么实际目的,仅仅是以刺探别人隐私而沾沾自喜的低层次的心理满足而已。

（七）敌视

这是交际中比较严重的一种心理障碍。这种人总是以仇视的目光对待别人。对不如自己的人以不宽容表示敌视;对比自己厉害的人用敢怒不敢言的方式表示敌视;对处境与己类似的人则用攻击、中伤的方式表示敌视。

总结:无论何时,心理障碍的出现都会让我们觉得事倍功半,感到心累难堪。而在人际交往时,若出现上述 7 种表现,会导致你的人际关系出现很大的问题。若是自己有上述表现,一定要正视问题,及时解决。

二、教师之间沟通障碍形成的原因

笔者曾在天涯论坛上看到这么一个帖子:

我是某某民族中学的一名语文老师,由于今年我 80 岁的父亲得了帕金森氏综合征,母亲也 70 多岁了,又有高血压,经常头晕,无法照顾我父亲,家里又没有其他人,我也只好放学后回家照顾父亲。无奈之下,我不得不选择了走教(不影响正常教学,况且学校走教的老师也不在少数,我任教十年了,因为特殊原因是第一次走教)。而且,今年干旱特别严重,虽然学校在上级部门的关心下,也给住校师生提供了基本的生活用水,但我不住校,从另一个角度讲,也能节约一些水给其他教师和学生用。

学校安排我有一节晚自习课(星期一晚上),我只能请其他老师帮我代上(请人代上自习在我们学校是一件很正常的事情)。同时,怕影响学生的学习,我在白天的课余时间都会主动和学生们进行沟通交流,帮学生解决学习上遇到的难题,把因为不能上晚自习所耽误的时间都尽量补回来。并且我跟班主任(女)老师说过,等五月份我就回学校住,到时自习课我就自己上。可不曾想到,在4月12日晚自习课上,班主任老师竟然跑去教室,对替我上自习课的老师说三道四(替我上自习的老师前几天调走了),还说我如果不愿意上就不要上了,一下请这个上,一下请那个上的,直接去跟教务处领导反应不上就是。她说话语气不好,当时替我上自习的老师转身就走了。后来我知道这件事,心里特别不舒服。我和班主任老师是多年的同事关系了,虽然她是站在学生的立场上才会这样说我,但一联想到以前,这次我的心真的寒了。她以前曾经跟其他老师说过,说我上课不如某某老师好,某某老师上她的班时学生成绩大幅度提高了。记得有位教育家说过:如果有五个能力较弱的教师团结在一个集体里,受着一种思想,一种原则,一种作风的鼓舞能齐心一致地工作的话,那就比十个各随己愿地单独行动的优良教师要好得多。"金无足赤,人无完人",每位科任老师的教学工作有长自然也有短。于是,我就自我检讨,尽量找出自己在教学上的不足之处加以改进,为了配合班主任开展教学工作,所以当时我并不在乎班主任的话。而且这个班七年级起就是由我任课的,语文科目在考试后的总体成绩并不比其他语文老师所教的班级差。八年级上学期由于我生病请了一个学期的假,这学期回去,对学生进行测试后,发现学生成绩大幅度下降。联想到这次班主任说这些话,我觉得她还是对我不满,而且已经在心里埋藏很久了。班主任的做法使我的身心健康受到影响和伤害,给我造成了沉重的精神压力。我就不明白,作为一名班主任,一名被评为县级优秀班级的班主任,竟然会这么没有品德!对任课老师有什么意见和建议,可以和课任老师当面进行交流,或者向学校领导反应,由领导来和课任老师交流,不应该到处去说课任老师的不是。

从帖子中可以看出,这位任课老师和班主任老师直接产生矛盾的根源,是没有进行很好的交流沟通。作为职场中的普通人,总是希望自己工作的环境就像一个大家庭,同事之间相互关心,和睦相处,共同进步。但由于教师有知识、有文化,工作又相对独立,所以部分教师文人相轻,缺乏合作;少数教师甚至因为竞争压力,把打压同伴作为提升自己工作业绩的手段。这自然会引起教师的心灵伤痛,如果不予妥善处理,必将影响教师的可持续发展。因此,分析影响教师专业成长的破坏因子,探寻各种矛盾的化解策略是当前理论研究与实务方面不可或缺的内容。

教师之间的人际关系,是在共同的育人目标和相互尊重的基础上形成和发展起来的,但由于现实教育过程的复杂性,教师的人际关系也会出现各种各样的矛盾,导致沟通不畅。教师之间沟通障碍形成的原因,主要有以下几种:

第一,教育劳动的分工和教育劳动具有个体性、独立性,使教师可能缺乏沟通,忽视团结协作,而产生矛盾。比如:每个教师都有专门的教学任务,政治教师教政治,语文教师教语文,数学教师教数学,如果各自都强调自己这门课的重要,就会产生争自习、争辅导、争留作业等现象。

案例:小周老师是一所市重点中学的班主任兼语文老师,她工作很认真,课也上得很好,学生喜欢她,家长也信任她。但她性格有些内向,也有些清高,平时很少跟同事交流。去年上半年,因为一次重流感,她不得不请假两周,而她任教的班级是一个初中毕业班,此时正值学生中考的冲刺阶段,学校领导把工作临时交给了男同事肖老师。小周老师觉得自己已请病假,就没有必要在休假期间再想工作的事,专心养病就是了。她休假时把手机也关掉了,其间也不再跟单位和同事打电话了解情况。可是,肖老师没有当过班主任,也没有教过这个班,对班上很多情况他都不熟悉。小周老师休病假前,也没有跟肖老师进行有关工作的交接。现在班上的学生不接受肖老师,而肖老师又联系不上小周老师,这让他非常着急,大大影响了他的班级管理工作和教育教学工作,为此遭到了学校领导的批评。

肖老师不敢向学校领导抱怨,便把怨气撒在了刚回来上班的小周老师身上:"周大小姐终于康复了,恭喜恭喜呀!只是这两周你可害苦了我,你们班的学生调皮捣蛋,不服管教,我每天起早贪黑,还受领导批评……"小周老师的病刚痊愈就来上班了,没想到得到的是抱怨和挖苦,小周老师心里委屈极了。

案例点评:小周老师遭男同事抱怨和挖苦的原因,是没有和男同事进行很好的沟通,导致男同事工作异常被动和艰难。从这个角度讲,男同事的抱怨是有道理的。

如果她在休假前与同事进行好工作上的交接,其间跟同事保持联系,经常打电话给男同事,了解班级和学生情况,同事有问题也可以找到她,这样必然会给男同事的工作带来很大的方便,自然也不会遭到抱怨了。

第二,教师之间存在着个性差异,彼此之间容易发生分歧。教师集体一般是由不同年龄、性别、学历、经历的教师组成的,每个人所学专业、业务能力、素质水平等各不相同,在教学实践中,往往会产生教育教学观念、教育思想、教育方法、教育内容上的分歧。

案例:年轻的小林是三年级二班的语文教师兼班主任,任教该班数学的古老师有十多年教龄,同时也是该班的副班主任。小林老师因为年轻缺乏教学经验,因而事事都听古老师的安排。但是日子一久,古老师的强势作风让小林老师难免心生不快。一天,语文课上,小林老师请语文科代表抱本子,科代表迟迟不敢动,其他同学告诉林老师,科代表被古老师换掉了。小林老师心里很不舒服,生气地对换掉的科代表说:"科代表还是你,我才是语文教师并且是你们的班主任。"顿时全班鸦雀无声。

案例分析:作为有十多年教龄的古老师比起年轻的小林老师经验更丰富,再加之作风比较强势,所以在很多事情的处理上难免"越线"。而小林老师虽然年轻却是班主任,也有自己的想法和干劲儿,所以古老师的做法让林老师心里不舒服也是可以理解的。当得知自己的科代表被古老师随意换掉以后,小林老师没有控制好自己的情绪,在全班同学面前否定古老师的决定,并且强调自己才是班主任的行为是不妥当的,这样容易造成教师间的矛盾激化。

矛盾化解:教师要调整情绪,善于沟通。首先,小林老师作为年轻老师需要端正自己的态度,虚心地向有经验的老师请教。年轻人多做事,吃点亏,"碰钉子"都有可能,应该有一个好的心态,才能更好地调整自己的情绪。其次,在平时的工作中一方面多和有经验的古老师商量;另一方面也要多一些自主性和主动性,以自己的能力和果敢让古老师认识和了解自己。再次,事情既然已经发生,小林老师可以在课后找个机会和古老师心平气和地谈一谈,真诚地感谢古老师对自己的帮助和对班级的付出,诚恳地告诉她内心的真实想法和感受,委婉地告知对方自己也希望拥有一些自主权的想法,也可以就事论事地告诉古老师,待被换掉的科代表改正以后,自己会重新宣布恢复科代表的决定。相信小林老师动之以情、晓之以理的沟通,一定会让聪明的古老师心领神会。

第三,学生的评价不同,导致教师之间产生误解。每个教师都希望自己在学生中享有较高的威信,受到学生的称赞。但由于学生的反映不一定全面、客观,有些教师往往为此对同事产生猜疑,造成同事间的隔阂。

案例:某中学初三某物理老师和某数学老师一直关系不好,数学老师总认为物理老师在背后说他的坏话,拆他的台。事情的起因在于该校给初三学生做的一次问卷调查。问卷问初三学生:最喜欢哪位老师,最讨厌哪位教师。学生回答道:最喜欢某物理老师,因为我们考差了之后,物理老师是安慰我们而不是责骂我们;最讨厌的是某数学老师,因为我们考差了后,本来我们就很难过,他不但不安慰我们,反而责骂我们。其实,当学生考差了后,教师站在不同的立场上就会有不同的反应。该数学老师也许工作很负责任,但学生不一定理解。如果因为学生的评价,而对同事产生猜疑,影响同事之间的团结,造成同事间的隔阂,那太没必要了。

第四,学校管理中采取的某些措施不当,也容易引起教师之间的利益矛盾,产生相斥心理。如表彰先进、评职称晋级等,如果学校制定的方案,在教师们看来是对人而不是对事,认为是不公平的,就会引起教师之间的利益矛盾,彼此排斥。

第五,受文人相轻坏习气的影响,个别教师计较个人名利、嫉贤妒能。

文人相轻是历史上出现的一种不良现象,是指知识分子之间相互看不起，彼此不尊重。

南北朝时期的温子升、邢邵和魏收被称为"北地三才"，他们都是当时有名的文学家。但三人互相看不起，常常指责对方，尤其是邢邵和魏收。邢邵仰慕沈约而轻视任昉，魏收刚好反其道而行之。于是邢邵公然说："江南任昉，文体本疏。魏收非直模拟，亦大偷窃。"魏收大不受用，反唇相讥："伊常于沈约集中作贼，何意道我偷任！"可见只是文风上的模仿或者词句上的化用，是不能够说"偷"或"作贼"的。但两人吵得不可开交，大伤和气，有失人品和尊严。历朝历代，文人们不论贵贱，大凡都跳不出相轻的怪圈。贵者如文豪班固，贱者如鲁迅笔下的文丐孔乙己，在穷愁潦倒性命难保之际，还不忘以自己知道"茴"字的四种写法而小看别人。古往今来，文人之间由于互相轻视而引发的纷争多如牛毛，有的甚至酿成悲剧。如宋代的司马光、王安石和苏东坡就互相倾轧了大半辈子，而秦代的李斯甚至囚禁并逼死了老同学韩非。晚唐诗歌大家杜牧曾诋毁白居易、元稹，李清照也曾攻击过苏轼，等等。

社会杂谈《文人相轻的由来》，对鲁迅先生的观点和文人相轻更是做了很充分恰当的解释和说明，文人相轻的坏风气何以产生，古时就有人分析过："自古文人相轻，一由相尚殊，一由相习久，一由相越远，一由相形切。"（清代尚镕《持雅堂文集》）"相尚殊"系由审美趣味的不同而导致批评的偏颇，"相习久"是由长期共事彼此熟稔而形成的优越意识，"相越远"则是由观念和知识体系的不同造成的，"相形切"则是目光狭隘、一味苛求对方所致。无论是哪一种情况，都与缺乏对对方"了解之同情"的批评态度有关。或不论全部，只观一隅；或悬格失当，评论失衡；或割断历史，未通流变，等等。就个人心理而言，有人认为是自负在作怪，有人则认为是自卑在作怪。自负者，"自以为了不起"者也。自负者往往自恃自傲，自高自大、自吹自擂、自卖自夸、自鸣得意、目中无人、目空一切，自以为文界之中，唯我独尊，"舍我其谁"！自负者所玩的种种把戏，其实质都是自欺欺人，招致的后果往往是别人更进一筹的回敬：看不起加厌恶——蔑视、鄙视！故文人相轻乃是一串越演越烈的怪圈，一旦陷进去就往往难以自拔。而自卑者，乃"轻视自己，认为不如别人"者也。说自负是文人相轻的原因容易理解，而说自卑是文人相轻的原因则有些令人费解。此说所言，主要指两种情况：一是自卑者连自己都看不起自己，必然会被别人轻视；二是自卑者常常会玩点"阿Q式精神胜利法"的小把戏，将别人当"儿子"小看一回，小看别人者必被别人小看，于是"相轻"也便因此而生。

而笔者认为，但凡这些事例，都没有跳出相嫉妒的一个范畴。

记得看了一部电视剧，名字叫《回到三国》，讲的是现代人穿越到古代的事情，它所描述的是三国时期的历史史实，其中有一个大家都非常熟知的故事，就是"赤壁之战"。曹操压境，刘备欲与孙权结盟，派遣诸葛亮去劝说，诸葛亮舌战群儒，终于为刘备与孙权的结盟打下了基础。而孙权手下的都督周瑜是一个心胸狭隘的人，他多次打击诸葛亮，还欲图置诸葛亮于死地，但最终自食其果，被诸葛亮气得吐血而亡，死时，叹息三声，"既生瑜，何生亮"。这个故事是典型的文人相轻。

这种不良风气至今在教师之间还有所表现，对团结协作、共同育人风气的形成有很大的消极影响。它导致教师之间人际关系冷淡、封闭，甚至对垒，走向文人相倾（指倾轧）。当代教师不应再犯文人相轻的毛病，要克服和避免文人相轻。在社会主义市场经济下，处处有竞争，但也因为有竞争才有了进步和发展，有了竞争我们的社会才更加繁荣,各行各业才呈现一派欣欣向荣、生机勃勃、百家争鸣的景象。作为人民教师,我们要正确看待这种竞争,在竞争中找寻突破口,在竞争中求发展,寻求一种平衡的状态,把"文人相轻"转化为"文人相亲"。

第六,教师和教辅人员,以及从事行政管理及后勤工作的同事之间,由于看问题的角度不同,工作特点不同,各自的个性特点不同等原因也会导致沟通障碍。

案例:不会沟通,从同事到冤家。

小康老师是一所寄宿制学校的生活老师,为人热情开朗,不喜争执,和同事的关系处得都比较好。但是,前一段时间,不知道为什么,同在一层楼当生活老师的李老师处处和她过不去,有时候还故意挑她的刺,对跟她合作的工作任务也都有意让她做得多,甚至还不许学生到小康老师管理的寝室去玩。

小康老师心里虽然不舒服,但觉得都是同事,李老师又比自己年长,没什么大不了的,忍一忍就算了。但是,李老师却不这么想。有一次,学校接到通知,要进行卫生大检查,要求各位生活老师,把所管寝室和公共区域,进行彻底清扫。小康老师负责的公共区是一楼的女厕所。小康老师打扫完自己所管的寝室后,就去打扫一楼的女厕所。恰巧这时李老师也去上厕所。小康老师为了把厕所打扫得干干净净的,她决定喷上洁厕净。洁厕净有很强的刺鼻的气味,一般人闻了都会头晕,李老师为了提醒小康老师等一下再喷,就故意把水龙头打开,冲得哗哗响,提醒她有人在厕所。没想到小康老师根本没想那么多,洗完拖把,没等李老师出来,她就开始喷起洁厕净。李老师怒气冲冲跑到学校领导那儿,说小康老师是有意谋害她,学校领导狠狠地把小康老师批评了一通。从此,小康老师和李老师成了一对冤家。

案例点评：

小康老师所遇到的事情是在工作中常常出现的一个问题。在一段时间里，同事李老师对她的态度大有改变，这应该是让小康老师有所警觉的，应该留心是不是哪里出了问题了。但是，小康老师只是一味地忍让，这个忍让不是一个好办法，更重要的应该是多沟通。

小康老师应该考虑是不是李老师有了一些什么想法，有了一些误会，才让她对自己的态度变得这么恶劣，她应该主动及时和李老师进行一个真诚的沟通，比如问问李老师是不是自己什么地方做得不对，让她难堪了之类的。任何一个人都不喜欢与人结怨，可能她们之间的误会和矛盾在比较浅的时候就会通过及时的沟通而消失了。

但结果是，小康老师的忍让，并没有得到李老师的谅解，小康老师工作的疏忽，让李老师有了告状的依据。其实，找领导来说明一些事情，不能说方法不对。关键是怎么处理。但是，在这里小康老师、李老师、学校领导三人犯了一个共同的错误，那就是没有坚持"对事不对人"，学校领导做事也过于草率，没有起到应有的调节作用，他的一番批评反而加剧了二人之间的矛盾。如果学校领导首先是了解矛盾产生的根源，把双方产生误会、矛盾的疙瘩解开，让双方加强交流沟通，那么这样做的结果肯定会好得多。

教师集体中的人际矛盾虽然不可避免，但不能习以为常，任其发展。因为教师集体中所产生的人际矛盾，不仅仅就是教师间关系好不好的问题，而且涉及对学生身心发展的影响问题，甚至决定教育的成败。实践证明，教师间良好的人际关系，凝聚性大，效能性强；不良的人际关系，内耗性大，效能型低。如果一个单位内部，人和人之间友爱团结、相互关心、相互帮助，关系和谐融洽，充满了浓浓的友爱情谊,让人时时体会到集体的温暖,在这种良好的人际关系条件下,人们心情舒畅,生活工作愉快,干劲倍增。良好的人际关系可以增强集体的凝聚力,不仅能提高工作效率,而且有利于学生身心健康成长。反之,如果一个单位内部人与人之间相互猜忌,不断摩擦,时时冲突,矛盾丛生,内耗性大,互不服气,冷嘲热讽,甚至公开指责,互相拆台,在这种恶劣的人际关系中,人们的心理不安,情绪紧张。其结果,或者是关系疏远,组织涣散;或者各不相让,互相决裂;或者彼此敌视,互相攻击。小则不利于身心健康,大则不利于育人。作为教师,我们应该学会主动沟通、真诚沟通、策略沟通,如此一来就可以化解很多工作与生活中完全可以避免发生的误会和矛盾。

第四讲 教师之间的沟通艺术

一份工作固然离不开好的工作环境,更离不开同事之间的交往。如果你与同事搞好关系,工作也会变得顺利不少。

学校是我们教师每天除了家以外,待的时间最长的地方,有的时候甚至要比在家里的时间还久。所以那些与我们朝夕相处的同事也成了我们教师生活中不可缺少的一部分。一个刚入职场的新教师,面对那么多的新同事,想要马上得到他们的信任有点难度,不要急着和他们建立友好关系,要循序渐进,选择一个适合自己的沟通方法,和他们慢慢沟通,相信时间可以证明一切,通过自己的努力和他们建立一个友好的人际关系。

那么如何与同事进行有效沟通、和睦共处呢?

一、真诚相见

真诚是打开别人心灵的钥匙,因为真诚的人使人产生安全感,减少自我防卫。如果你一开始就是抱着某种目的接近他人,而且极力地掩饰了自己,这样以后同事知道后会很讨厌你的。

越是好的人际关系越需要关系的双方暴露一部分自我。也就是把自己的真实想法与人交流。当然,这样做也会冒一定的风险,但是完全把自我包装起来是无法获得别人的信任的。同事和同事之间要有一个良好的人际关系,就要做到真诚相见。同事相处,要真心相交,真情相待,在平常时相近,在困难时相帮,要严以律己,宽以待人,不妄议他人是非短长,善以他人之长补己之短,不以己之长非人所短。工作中难免会遇到一些问题,我们不能为了一些利益的问题和同事互相争取,这样是很伤害人的,你应该学会更好地去帮助同事,这是你人格魅力一种体现。

教师之间要互相帮助,自觉维护他教师的威信,特别是要维护其他教师在学生中的威信,不要在学生面前贬低别人,抬高自己。事实上,教师维护他人的威信,无形之中也会提高自己的威信,若贬低他人,无形之中也会贬低自己。

南宋时期,我国著名的教育家朱熹和陆九渊的治学态度就令人钦佩,他们的治学思想是对立的,曾在一次讨论会上唇枪舌剑,争得面红耳赤,十几天不见分晓,可是他们并没有因此而互相瞧不起,结下不解之恨,而是友情如常,互拜为师。后来朱熹主持白鹿洞书院,特意邀请陆九渊到学院讲学。陆九渊接到请帖欣然前往,做了生动深刻的演讲,使学生深受教育,朱熹也连声称赞讲得好。事后还把陆九渊的话刻在石碑上,立于书院门口,与学生共勉。诸如此类的教师与教师之间的深情厚谊在今天也屡见不鲜,是值得学习和大力提倡的。

二、乐观主动

无论何时,学会首先给对方一个微笑,总是板着个脸给人太严肃的样子,会让人觉得你不想和人亲近。如果你给对方一个微笑,对方也会回报一个笑脸,这样就形成了爱的传递。主动对人友好,主动表达善意,能够使人产生受重视的感觉。不管遇到什么人、遇到什么事儿,都要乐观地去面对,用一种积极的心态处理,办法总比问题多,要坚信所有的问题都会迎刃而解。

三、尊重平等

孔圣人说,三人行,必有我师。就像世界上没有两片完全相同的树叶一样,人对事物的观点方法也是不同的,抱着一种学习的态度去与人交流,这是产生尊重的基础。尊重能保持你在交流中的良好姿态;尊重能让对方感觉到你的真诚可敬;尊重能让人向你展示心灵最深层的东西。

让别人尊重自己,自己首先要尊重别人。这一点不管在什么时候都是非常重要的。有的人会因为对方是低职位的同事而看轻了对方,甚至出言不逊,这可是很得罪人的。要把对方放到同一个高度来审视,当成朋友去尊重。人都是互相的,尊重也是。任何好的人际关系都让人体验到自由、无拘无束的感觉。如果一方受到另一方的限制,或者一方需要看另一方的脸色行事,就无法建立起高质量的关系。

教育集体中的人际关系包括同一学科教师之间,不同学科教师之间,班主任和科任教师之间,新老教师之间,优秀教师与其他教师之间,教师与行政人员、教辅人员、后勤工作人员之间的关

系,等等。在处理这些关系时,双方都应做到相互尊重,互相学习,团结共进。

1. 担任同一学科的教师要从教好学生这一共同目的出发,互相学习,互相帮助,取人之长,补己之短。同一学科的教师可能毕业于不同的学校,教学时间有长短,教学方法及水平也会有所不同,但每位为教师都各有自己的特点和长处。正如俗话所说,"尺有所短,寸有所长",因此就需要相互学习,共同提高。

2. 不同学科的教师,特别是教同一班级的不同学科的教师也要互相尊重,互相配合。每个教师都不应该过分抬高自己所教学科的意义和地位,或有意无意地贬低其他学科的重要性。正确的做法应该是教师努力提高自己的教学能力,在减轻学生负担的情况下提高教学质量。

3. 新老教师之间要互相尊重,互相学习。一般来讲,老教师的教育教学经验较丰富,知识较渊博,青年教师思想敏锐,富有朝气和创新精神,乐于接受新鲜事物,但缺乏教学经验。因此,青年教师应该主动向老教师求教,使自己少走弯路,更快地成长起来。老教师也应热忱地爱护和关心青年教师的专业成长,并虚心学习他们富有创造性的思想,感受他们朝气蓬勃的精神,使自己"年轻化",不断与时俱进。

4. 优秀教师与其他教师之间也要相互学习。优秀教师以他们献身教育事业的崇高精神和创造性的劳动,赢得了人们的赞扬和尊重,这不仅是他们本人的荣誉,也是他们所在学校全体教师的荣誉,他们的先进经验也是全体教师的宝贵财富。所以其他教师应关心爱护优秀教师,并且虚心向他们学习,防止产生嫉妒心理,或者求全倾向。优秀教师也应保持谦虚谨慎的态度,认识到荣誉来自党和人民的培养,荣誉来自集体,在自己的成绩中也渗透着其他教师的汗水,还要看到其他教师也有许多优点和长处值得自己学习,自己还有许多不足。同时,对于别人的不公正对待,要学会忍耐,沉得住气,受得起委屈,并以适当的方式与之沟通,让别人更好地理解自己,以宽阔的胸怀去感化他人。

5.教师与学校领导之间要互相尊重理解。学校领导和教师只是角色和分工的不同,不存在地位高低之分。教师要以主人翁的态度对待学校的各项工作,尊重和服从学校的领导,为学校的发展做出努力。一个学校的领导,只有关心爱护教师,才能博得教师的尊重,才能在教师中有威信。学校领导要善于掌握每个教师的心理状况,才能扬其所长,避其所短,才能心灵交融,互相尊重,融洽相处,才能达到调动大多数人的积极性的目的。

6.教师与教辅人员、后勤工作人员也应互相尊重,互相支持。教师应该看到教辅人员、后勤人员对教育教学的重要作用,尊重他们的劳动,争取他们的配合,以便为学生创造良好的学习环境。

四、谦虚正直

人格魅力是很重要的,这个当然也不是生下来就有的,作为教师,我们一定要加强自身的修养,不管在任何时候都是把做人放在第一位。品高人自敬,行端人自从,自然能很好地实现人与人之间的交流与合作。

谦虚正直,是教师的美德。缺乏谦虚正直,是导致文人相轻的重要原因。所谓谦虚就是虚心,不自满,虚心接受正确的批评。教师为人师表,要养成谦虚的品格,虚心向别人学习,特别是在取得成就时,不能自满,不能孤芳自赏,目中无人,甚至尾巴翘到天上去。谁也不会喜欢一个抢功的人,人们往往更希望得到鼓励,让出成绩也是鼓励,这主要是指智慧上的成绩。如我们在探讨某某难题的解决方案时,有时是在自己的提示下,别人想到了办法,这时就需要说"你这个方法很有创意,可以一试",而不是说"我的想法启发了你"。分享荣耀的时候,要提到别人。工作中,你被人夸了,你获得利益了,你要分享经验了,这些时候不要忘了提到对这件事有帮助的同事。

不要每一场谈话你都想赢,你赢了道理,可能会输了感情。

在教育教学实践中,每个教师都要保持谦虚谨慎、不骄不躁的作风,这样才能增进相互的团结协作。否则,既不能很好地与别人协作,也不会赢得别人的真诚合作,不利于搞好育人工作。正直就是办事公正,不偏不倚,富有正义感,实事求是,不徇私情,不谋私利,仗义执言,主持公道。为人处事正直,能赢得同事的信赖,乐于与之合作。谦虚正直的品德,对处理好教师之间的关系至关重要。

五、善于倾听

说到倾听,古希腊先哲苏格拉底说:"上天赐人以两耳两目,但只有一口,欲使其多闻多见而少言。"寥寥数语,形象而深刻地说明了"听"的重要性。多倾听对方意见,重视对方意见,这是一种很重要的沟通技巧。

不论讲话者,还是听者,都要善于倾听。善于倾听是加强人与人之间的沟通,促进形成良好的人际关系的有效途径。作为讲话者,倾听人们的意见和建议,使讲话者的话更有说服力;听者,通过与讲话者沟通把自己的看法表达出来,使讲话者得到更多的启示,丰富自己的思想内涵和处世修养。善于倾听,寻求好的建议,进行科学的决策,不仅需要一定的"水平",还需充分了解事情的全过程,再高超的医术,也不能"望一眼"而对症下药。要充分了解事情的经过,自然从开始就要认真倾听,如果未仔细倾听,那最后会显得很没有水平的。

人们都希望自己说话有人听,自己的观点有人赞同,自己的意志有人执行。作为讲话者往往在各种场合中,常常以自己讲的问题有多重要,有多大分量,总是以"我"为核心,站在自己的立场上来讲事情,谈问题,提要求。殊不知,这容易造成人们的逆反心理,形成抵触情绪,出现事倍功半的效果。

善于倾听要注意以下几点:

1.克服自我中心:不要总是谈论自己。

2.克服自以为是:不要总想占主导地位。

3.尊重对方:不要打断对话,要让对方把话说完。千万不要去深究那些不重要或不相关的细节而打断人。

4.不要激动:不要匆忙下结论,不要急于评价对方的观点,不要急切地表达建议,不要因为与对方不同的见解而产生激烈的争执。要仔细地听对方说些什么,不要把精力放在思考怎样反驳对方所说的某一个具体的小的观点上。

5.尽量不要边听边琢磨他下面将会说什么:观点对错不判断。我们在说话时最容易犯的错误,就是自己在心里判断对方的观点。其实每个人的观点,只是对事物的不同的看法,很难做出谁对谁错的判断。之所以要判断,是因为在我们自己的头脑中,有一套自己的处理事情、甄别是非的价值观或方法论,它不能代表别人,更不能代表真理。如果边听边判断,就会对说话者在心里定格,也就难免会在谈话中带有情绪,在言词上出现种种不良表现。

6.问自己是不是有偏见或成见:它们很容易影响你去听别人说。俗话说条条大路通罗马,只有细心地倾听完其表述,才会知道事情与观点的原委,做出正确的分析、判断,也许对方能给你带来一套全新的观念或创意。抱着将要发现新大陆的心态去倾听,他(她)会兴致勃勃。

7.不要使你的思维跳跃得比说话者还快,不要试图理解对方还没有说出来的意思。

8.注重一些细节:不要了解自己不应该知道的东西,不要做小动作,不要走神,不必介意别人讲话的特点。

9.要注意反馈:倾听别人的谈话要注意信息反馈,及时查证自己是否了解对方。你不妨这样"不知我是否了解你的话,你的意思是……"一旦确定了你对他的了解,就要进入积极实际的帮助和建议。

10.要抓住主要意思,不要被个别枝节所吸引。善于倾听的人总是注意分析哪些内容是主要的,哪些是次要的,以便抓住事实背后的主要意思,避免造成误解。

六、欣赏他人

古语云:"欲将取之,必先予之","汝爱人,人恒爱之"。只有懂得欣赏他人,社会才会和谐发展。

那何为欣赏?笔者认为:努力地寻找别人的长处、优点,从中学习一点值得自己学习的,同时,真心实意地使用恰当的语言赞美他人,这就是欣赏他人。

欣赏他人是一种做人的修养。人,从生命来说是平等的,你尊重别人的人格,别人也会尊重你的人格;你欣赏别人,别人也会欣赏你。欣赏他人是检验你是否尊重生命(包括自己的),是否有上进心,是否能放开自己的胸怀和思维的试金石。

欣赏他人是一种敢于虚心学习别人长处,勇于克服自己的短处,具有虚若怀谷的较高思想境界。不仅仅是为了沟通,为了交朋友,为了要别人承认,为了表现自己,而是真正希望从他人那里吸取点自己没有的先进思想、文化、技术等精神营养。

在现实生活中,常有这样的人:自己有了成就,有了荣誉,就欢呼雀跃,神采飞扬;别人有了成绩,有了进步,却视而不见,充耳不闻,甚至冷嘲热讽,嗤之以鼻。这就是所谓的物极必反,过度地"欣赏自己"就会发展到极端的自私自利,发展到唯我独尊的骄横和霸道,发展到了"宁可我负人,不可人负我"的扭曲人格,如此"欣赏自己",最终会孤立自己,失去朋友,退至黯淡、寂寞的后台,甚至还可能仇视社会,危害他人。

在日常生活中,你是否常常能得到别人认真的对待和赏识?你是否经常殷切地期待他人的赞扬和夸奖呢? 那么,你也能够把对别人的赞赏和表扬全都讲出来吗? 可能对我们来说,往往指出别人的缺点或批评别人容易做到,相反,欣赏和赞美别人却难以开口。赞美他人,其实并不难做到,只要我们去发掘生活和工作周围的人,想想他们的好处和优点,并毫不吝啬地称赞他们,这将会在人与人之间形成良性互动,使我们的社会和工作环境更温馨和谐,让个人的人际关系得到大大改善。

每人都各有所长,随时发现别人的进步,随时为别人的成绩而喝彩,这对于一个人的生存能力、合作能力、发展能力的提高,都具有重要意义。真诚地为别人取得的成绩、取得的进步、取得的荣誉喝彩,是一种胸襟、一种气度。"海纳百川,有容乃大。"只有不断开阔自己的胸襟,恢宏自己的气度,才能不断拥有成就事业的吸引力和凝聚力。正确地欣赏他人就会使平庸变得优秀,使自卑变得自强,使消沉变得进取,使自满变得谦逊。

懂得欣赏他人,实际上是在为自己铺路。善于欣赏他人的

人,他总会得到更多人的欣赏和帮助,创造一个更适合个性发展的宽松、和谐又充满人情味的人际环境。曾有人说过:"让对方感受到你的关注并不难,只要你真的把他放在心上,不经意间就会流露出来。其中,记住对方的名字,了解他的生活与工作情况,这很重要。"所以,只要真诚地去欣赏别人,摆在你面前的将是充满阳光的坦途。

懂得欣赏他人,是对他人的一种肯定、一种理解、一种尊重及鼓励。一位在商场上颇有成就的富翁在接受记者采访时说了一句话:"开始时,我不知道我行,是别人说我行,于是我便努力,才发现我真的行。"不难看出,真诚地去肯定、赞美、欣赏一个人,有多么重要!"优秀的人总是相互欣赏的。"苏格拉底常这样对学生说。有些优秀的校长常常这样说:"我很欣赏××老师对孩子的那种宽容与慈爱……""我很欣赏××老师的这一堂课,她让我领悟到了提高教学质量的真谛……""我很欣赏××老师对事业的执着,独特而有效的工作方法……""我很欣赏××老师……"正是由于这些话,才给了老师们极大的信心与干劲儿,促进学校蒸蒸日上向前发展。

懂得欣赏你周围的人,你周围的世界就会变得更加美丽。欣赏你的同事,你和同事之间会合作得更加亲密;欣赏你的下属,下属会工作得更加努力;欣赏你的爱人,你们的爱情会更加甜蜜;欣赏你的孩子,说不准他就是下一个卡耐基……就像诗中所说的,当你站在桥上看风景的时候,看风景的人可能会在楼上看你。

七、宽容待人

人与人交往中,宽厚待人是一种修养,一种美德,也是人际交往的原则之一。"人非圣贤,孰能无过",任何人都会犯错误,那么同事之间难免会出现一些小的错误和摩擦,那么我们一定要用宽容的心去面对,千万别斤斤计较,也别想着去改变同事。如果你对别人的过错总是抓住不放,那么你自己的路也可能越走越窄。作为同事,我们一定要站在对方的立场去思考问题,不要动不动就是情绪化,我们应善待身边的人,更好地去理解他们。

法国雨果说:"世界上最宽阔的东西是海洋,比海洋更宽阔的是天空,比天空更宽阔的是人的心灵。"天地如此宽广,比天地更宽广的就是人的心灵。做一个心胸宽广的人,像大海一样笑纳百川,像高山一样巍然屹立,你脚下的路将越走越宽,你的人生将自在逍遥!

八、调整心态

自己要调整心态,做到心态平和,别先入为主地认为和同事无话可聊。在职场中,想要和同事愉快相处,自己首先要抱着积极融入大家的想法,平时多留心周围同事关注的事情,为寻找话题打下基础。还要记住情绪不稳时尽量少说话,等调节好情绪,心态平和后再说。

人在情绪不稳或激动、愤怒时,智力是相当低的,心理学研究证明,人在高度的情绪不稳定时,智力只有6岁。在情绪不稳定时,常常表达的不是自己的本意,道理理不清,话也讲不明,更不能做决策,不要相信"急中生智"的谎言。生活、工作中,一句反目成仇,甚至闹出命案的例子举不胜举。

即使对方让你再生气,也不能说真正伤害对方自尊的话。是的,吵架的时候容易说气话,但情商高的一大表现就是不要说气话。越是熟悉的人,越是知道对方的死穴,所以说出来的气话不仅具有破坏性,还具有毁灭性。不要因为是你朝夕相处的同事,就肆无忌惮地伤害他。

九、巧用语言

(一)用委婉的言辞去沟通

和人交流时,一定要学会如何说话,最好不要带伤害人的话,要利用委婉的言辞去沟通。

说"谢谢"的时候可以加上"你""您",或者加上对方的名字。"谢谢"和"谢谢你""谢谢您"的差别在哪?"谢谢"是泛指,而"谢谢你""谢谢您"是特指,更走心。对于陌生人,你说"谢谢你",对于认识的人,加上对方的名字,会友善很多。

请别人帮忙的时候,句子末尾加上"好吗"。千万不要用命令的语气说话,加上"好吗"两个字,就变成商量的语气,对方会觉得更被尊重。一个朋友是上市公司总裁,他每次让别人做什么事,都会加"可以吗""你方便吗""好吗"——尤其是对待世俗意义上比自己地位低的人,用商量的语气,显得你更有教养哦。

聊天的时候,少用"我",多说"你"。主持人蔡康永就说过,聊天的时候,每个人都是朕。每个人都只想聊自己。你讲了自己的经历,或者对某件事的看法,然后加上"你呢""你觉得呢",把话题丢给对方,让对方也有表达的空间和权利,你会变得可爱很多。

多用"我们""咱们",可以迅速拉近关系。比如跟刚认识的人约见面,比起问"明天在哪儿见面啊",换成"明天咱们在哪儿见面啊",只是一个细节的改动,就显得更亲切了,对吧。

把"你明白我的意思吗"换成"我说清楚了吗"。"你明白我的意思吗?""你听懂我说的话了吗?"看上去很正常的话,其实是不妥的,因为它会有一种暗示:傻子,你听懂了吗? 你能 get 到我的重点吗？如果换成"我说清楚了吗"，这样就不是指责，而是自责了。意思是，如果我没有讲清楚，我可以再重复一次，是不是礼貌多了？

(二)多用幽默的言辞去沟通

幽默感是可以靠想象力配合，各种不同的新知将他们一起融会贯通，就可以很容易地创造出许多可以幽默的点子来。幽默感虽然多少与个性有关，但非先天而来，是必须经由后天学习而来的。有位幽默作家曾言："对于我和大多数幽默作家来说，幽默绝对不是先天的禀赋，而是后天的训练。"所以幽默是一个方法的问题，幽默感除了天赋之外，更重要的是可以通过后天学习而具备。因此在日常生活中，我们应不断自我充实，成为一个幽默的欣赏者、创造者。那什么是幽默呢？

1. 什么是幽默

幽默是一种特殊的情绪表现，能够引发喜悦，转化情绪，带来欢笑。幽默的含义是有趣或可笑且又意味深长。幽默是思想、学识、品质、智慧和机敏在语言中综合运用的成果。它是人们适应环境的工具，是人类面临困境时减轻精神和心理压力的方法之一。幽默语言是运用意味深长的诙谐语言抒发情感、传递信息，以引起听众的快慰和兴趣，从而感化听众、启迪听众的一种艺术手法。幽默的内在含义，机智而又敏捷地指出别人的缺点或优点，在微笑中加以肯定或否定。幽默不是油腔滑调，也非嘲笑或讽刺。正如有位名人所言：浮躁难以幽默，装腔作势难以幽默，钻牛角尖难以幽默，捉襟见肘难以幽默，迟钝笨拙难以幽默，只有从容、平等待人、超脱、游刃有余、聪明透彻才能幽默。

(1)培养幽默感的重要性

在社会交往活动中，幽默是不可缺少的。幽默的谈吐如同润

— 33 —

滑剂,可有效降低人际交往中的"摩擦系数",化解矛盾和冲突,消除尴尬,使双方从容地摆脱沟通中可能遇到的困境,拉近人与人的距离,填平人与人之间的鸿沟,建立起良好的人际关系。俄国文学家契诃夫说过:不懂得开玩笑的人,是没有希望的人。可见,生活中的每个人都应当学会幽默。多一点幽默感,少一点气急败坏,少一点偏执极端,少一点你死我活。

幽默可以淡化人的消极情绪,消除沮丧与痛苦。具有幽默感的人,生活充满情趣,许多看来令人痛苦烦恼之事,他们却应付得轻松自如。用幽默来处理烦恼与矛盾,可以使激化的矛盾变得缓和,会使人感到和谐愉快,相融友好。

在工作中,幽默感能帮助你与他人建立和谐的关系,赢得上司同事的喜爱及信任、尊重,成为你工作上的最佳利器。当事情进展不顺利时,幽默感会降低受打击的程度,幽默一点会比为一些你不能控制的事情生气或担心好得多。

(2)如何培养幽默感

有人说幽默感是天生的,一般人学不来;不过笔者以为,幽默感是可以培养的,只要方法得宜,功夫下得深,人人都可以成为高手!

第一,拥有良好的心态。

幽默不是刻意表演、伪装出来的,它其实代表一种轻松良好的心态。要培养幽默感,首先你得拥有良好的心态:善良、积极、乐观、向上,从心底感到快乐,平时应该注重自己心灵上的训练,学会宽容大度,克服斤斤计较,同时还要乐观,让自己变得自信从容。这样你的幽默、你说的话才更能感染别人。

第二,积累幽默素材。

想要说话幽默,就必须要有谈资,所以积累幽默素材很重要。

①可从笑话入门。先听别人说笑话，再广为收集笑话，当然，所收集的一定要是那些曾经使你发笑的笑话。等到收集够多了（至少百篇以上）再分类，并详加研读，揣摩其中意境，务必找出每一篇笑点，以及处理笑话的手法（即所谓的"急转弯"）。如果可能的话，将它背起来，并尝试着用自己的话对人重述一遍，然后观察对方的反应将其作为自我修正的参考。要注意：笑话不能听两遍——再好的笑话，第二次听到也会感觉到枯燥无味；笑话是不能解释的——只能意会，描述太多就会走味。不要给对方太高的期望——最忌讳的是这样的开场白："今天我要讲一个世界上最好听的笑话给大家听……"不要人未笑自己先笑，要"后天下之笑而笑"。

②多阅读一些幽默类的书籍、电影、漫画等，这些不仅能令你心情愉悦，也有利于你幽默感的开发，还能收集许多幽默素材。

③扩大知识面。幽默是一种智慧的表现，它必须建立在丰富知识的基础上。一个人只有拥有审时度势的能力、广博的知识，才能做到谈资丰富、妙言成趣，从而做出恰当的比喻。如果知识面不够广的话，有可能别人讲一些幽默段子你都反应不过来，那会十分难堪。因此，在平常生活中，我们应多读书看报，多留意政治经济，多关注体育、民生各方面，广泛涉猎，充实自我，不断从浩如烟海的书籍中收集幽默的浪花，从名人趣事的精华中撷取幽默的宝石。其实事无大小，只要你留个心就好。有智慧的人不一定幽默，但幽默的人一定有智慧。

④善于观察，发挥想象力。平时一定要多留意身边的事物，幽默往往是从一些很细小的东西发掘出来的，同时你还要发挥自己的想象力，把有意思的东西联系起来，从而变得有趣。

第三，善于放下身段。

　　我们要懂得，真正的幽默并不是拼命讲笑话而已，而是要抓住人与人之间的"感觉"。二十四孝里"彩衣娱亲"的故事，是说一个六十几岁的老头子为孝顺八十几岁的父母，每天打扮成小孩子，又唱又跳地设法讨父母欢心，这就是能放下身段。同事之间偶尔轻松幽默一下，一定会比天天板着脸和同事相处要和谐得多，这也是一种放下身段。只要你愿意放下身段，平常要多幽默一下，不论是同事之间、朋友之间，还是亲子之间、夫妻之间，都会让人感觉到跟你相处很愉快，继而才会有"人悦、己悦"的良好互动，生活才不致那么枯燥无味，人与人之间的相处也比较轻松愉快。

　　第四，学会微笑。

　　微笑和欢笑不尽相同，但两者又紧密相连。感到一般的乐趣时一定要微笑，如看到孩子们玩耍，看到同事或朋友朝自己走来，圆满完成了一项任务，目睹了令人称奇或是幽默的什么事情，你都可以微笑。微笑说明你还没有为生活的压力和负担所压倒。如果你一天内十几次的微笑都没有，那你就需要问问自己是不是患了忧郁症或是压力过大。

　　第五，敢于自嘲。

　　想变得更幽默的话，先要学会开自己的玩笑，如果连自己也放不开的话，是不可能幽默起来的，更不要说带给身边的人欢乐，所以首先要学会拿自己开玩笑，让大家都觉得你更容易沟通。

　　能够放开自我，敢于自嘲的人的幽默感是不错的，在表达时加以修饰与用风趣的口吻式的自嘲，能够逗趣别人，从而拉近彼此间的距离。

　　第六，幽默有度。

　　有人很幽默，给人添加了不少交流的欢乐，但幽默要分时分地使用,切不可不分时间、地点随意幽默。进行幽默式对话,要张弛有度,切忌口无遮拦。幽默表达要分场合、人群,应因人而异了解清楚对方的个人性格特点、说话方式,以及对幽默的接受程度,要懂得尊重他人,为他人设想,勿要过度幽默,在语言上伤害了他人,这容易令人生厌,避之不及。以下两个小故事也许能够对你有所启发:

　　有一位秀才,喜欢吟诗作对,但他诗句的结尾总是令人气结。一日,他在街上散步,远远来了一位身影婀娜的小姐,秀才诗兴大发,对着小姐吟了一首诗:"远见一姑娘,金莲三寸长,为何这般小? 横量!"古时姑娘的小脚岂有横着量三寸之理? 姑娘一听,觉得受辱,遂哭哭啼啼地告到官府去。县老爷叫苏西坡,将秀才抓来审问,秀才说完经过,县老爷决定给秀才一次机会,请他作一首诗来作为补偿,秀才一听,灵机一动,走了七步便开始吟诗:"古有苏东坡,今有苏西坡,这坡比那坡,差多!"县老爷一听,火冒三丈,决定将他发配襄阳。发配当天,秀才的舅舅来送行,这位舅舅是个"独眼龙"。秀才一看母舅来了,不由得泪流满面,而舅舅更是老泪纵横,秀才忍不住又吟了一首诗:"充军到襄阳,见舅如见娘,两人双流泪,三行!"这位"独眼龙"舅舅听了,气愤离去。

　　唐王李世民是一代明君,但却因大臣的一次幽默错杀了一员大将。有一次,李世民接到密报,说边疆守将王和可能要谋反,逐约几名朝廷重臣商议,这时大臣李展内急,因事情紧急,李世民与几个重臣就先开始商议对策,正在大家拿不定主意时,李展如厕回来了,他回来看大家都很严肃,就想幽默一下活跃一下气氛,说道:"恶疾之存,伤身误国,斩之最佳!"他本意是说自己拉稀,又伤自体还误国事,没有了才最好呢。可李世民没有那么想,他以为李展是让他杀了王和,就说道:"依卿之意吧。"李展又说:"皇上圣明。"事后查明,王和根本没有反心。

一个好的表达习惯,能做到幽默有度,口吐莲花,会带来更多的友谊及善意,但一个不好的语言习惯,却是伤害了别人,也一点一滴赶走自己的好运。

第七,敢于表达自己。

无论听得再多,看得再多,如果没有加上实际的演练,所有的幽默素材永远不过是纸上谈兵,所以,培养幽默感一个重要的方法是要敢于表达自己,让自己的幽默感得到充分发散,这也是检验你口才幽默程度的一个途径。幽默口才不是一天就能练成的,敢于表达自己就是一个好的开始。

(3)幽默语言的表达方法

①双关法。双关,就是同一个音节,可以表示不同的词,同一个词也可以表示不同的意义,利用这种词的同音或多义的条件,使一句话同时带有字面意思和字外意思,就是双关。

②岔断法。岔断这种幽默语言的表达形式,就是人的言行模式与思维模式的逆反性。一般情况下,我们根据 A1 后面有 A2,A2 后面有 A3,于是便可推断出 A3 后面有 A4,但这时却突然发生变化,A3 后面没有出现 A4,而是出现了与之不同但又有关联的 B,使人们的心理期待突然扑了空。这种语言逻辑不按常规发展而突然中断,出现了一个出人意料的结局,便会使人们不由地大笑起来,于是大家在笑声中恍然大悟。

③对比法。在生活中,有时内容与形式、愿望与结果等方面会产生强烈的不协调,于是形成了不和谐的对比。这种强烈的反差必然产生幽默或可笑情趣。教育工作者可以适时利用这种不协调,做好教育工作。

④借题发挥法。借题发挥就是借用别人的话题进行发挥,以

表达自己的意思。这是一条劝人的好方法。

⑤曲解法。在对话中故意地歪曲对方话语的本义,或故意装聋听不清而回答就是曲解。它常常利用语词的多义、同形、谐音、同音等条件来构成。

⑥反语法。正话反说,或是反话正说,用与词语本义恰恰相反的话来表达词语本义的一种方法。其特点:说话时表面是一种意思,而实际所要表达的却是另外一种完全相反的意思。

⑦倒置法。把事物的正常关系在特定条件下倒置过来,从而造成滑稽可笑的效果,就是倒置。倒置的表现形式是多样的,在一定的情景下有角色的倒置、事理的倒置、语言的倒置,等等。

⑧夸张法。在这里主要是指的语言上的夸张,也就是修辞学上常说的"夸张"修辞。

⑨借讳言回答法。讳言就是在社交活动或日常生活中人们不愿或不敢说的话语。在社交活动中,难免会遇到一些难以回答或不愿回答的问题,但出言不逊或无言以对,又会有损自身的形象,于是借用讳言表达,既幽默风趣,又得体有效。

⑩寓庄于谐。用诙谐幽默的语言来说明事理,使人在轻松和愉悦中感其深刻的蕴意,这就是人们常说的寓庄于谐。

寓庄于谐的方法很多,可以用修辞学上的对比、双关、比喻、借代等,也可以用颠倒逻辑的方法叙述某件事情,或者故意用似是而非的非理性的形式表达出一种深思熟虑的理性内容。

(三)少用负面语言去沟通

工作时应该保持高昂的情绪状态,即使遇到挫折、饱受委屈、得不到领导的信任,也不要牢骚满腹、怨气冲天。这样做的结果,只会适得其反。要么招人嫌,要么被人瞧不起。

不要没完没了地讲你的痛苦,痛苦是不相通的。情商高的

人,会试图最大限度地理解和体察别人的痛苦,他会有同理心,同时,他不会要求别人同样如此。所以,他不会遇到问题就叨叨个没完,不会把负能量传染给别人。

不要说"我早就告诉你了""我就知道会这样"。很多事我们提醒过对方,对方还是会做,受挫了,吃亏了,上当了,我们忍不住就会说,"我早就说过"……

(四)尽量不使用否定性的词语去沟通

心理学家调查发现,在交流中不使用否定性的词语,会比使用否定性的词语效果更好。因为使用否定词语会让人产生一种命令或批评的感觉,虽然明确地说明了你的观点,但更不易于接受。如"我不同意你这样上课"这句话,我们可以换一种说法,如"我希望你重新考虑一下你上课的方法",这样会舒服得多。交流中,很多的问题都是可以使用肯定的词语来表达的。

把你说的"不对"统统改成"对"。笔者有个朋友最喜欢说"不",不管别人说什么,他先说"不""不对""不是的",但他接下来的话并不是推翻别人,只是补充而已。他只是习惯了说"不",大家都讨厌他。谁喜欢被否定啊?笔者认识一个学识特别渊博的教授,他有个很好的小习惯,不管对方说了多么傻的话,他一定会很诚恳地说,"对",认真地指出你这个话可以成立的点,然后延展开去,讲他的看法。他这么牛的人,肯定了傻瓜的你,你一定受宠若惊。而他把你的意见上升到那么牛的高度,你发现自己和他都好厉害哦。在与同事交流中,我们不妨学会先肯定对方,再讲自己的意见,这样沟通氛围会好很多。

(五)寄予希望比命令更有效

命令式的语言能给人以歧视、不尊重的感觉,这种感觉会削

— 40 —

弱人的积极性,有时还会让人反感,产生这样的感觉,自然会对结果产生不良的影响。如"你必须在五天内完成这项工作"变成"依你的能力,相信你会在五天内出色地实现我们的目标"。这种表达交流方式,在工作中的效果是最显著的,要养成这样布置任务或工作的习惯,不但不降低你的权威,反而会更大提升你的魅力。

(六)说话就事论事

说话就事论事是最基本的要求,但很多时候人们说话时,就会把意思扩大化、深层化、绝对化,这样一语概全有时很伤人。如某同事上公开课,由于时间紧迫,没有来得及好好准备,课上得有点糟糕,有些老师在评课时就会说:"这堂课很失败,说明这个老师一点儿也不会上课!"在心里给这个老师贴上一个差老师的标签。我们不能因为一堂课的失败,而否定这个老师。你如果听完这一堂课,想提一些好的建议,希望这位老师教学有所改进,你可以使用这样的语言来交流,"这堂课假如我来教,我会……",切记,不要从观念上给任何人下结论,不要从语言上给任何人下定论。事情是变化的,人也在变化,每个人都有善良的一面,每件事都有积极的因素,就事论事,绝不以偏概全。

(七)运用好你的肢体语言

肢体语言包括身体各个部分为表达自己观点而配合的各种动作。文字、语调、肢体动作构成了人交流的一个表达系统,只有各个部分完美的配合,才能产生最佳的效果。有研究表明,交流时文字、语调、肢体动作等所产生的作用是不同的,文字占7%,语调占38%,肢体动作(语言)占55%。

如果我们仅看文字"这是一百万元",你可能很难做出正确的判断,不知道是什么意思,但若加上语调和表情就会很易理解其要表达的意思。我们在说"这是一百万元"时加上吃惊的表情和语调，就会让人产生一种这钱来得很突然的感觉；如果加上很愤怒的表情和语调，就会产生惹了大祸的感觉。除此之外，还会有很多的意思可以借助表情和语调表达。

（八）把握好说话分寸

真性情是让你说真话，不是让你说难听的话。你可以吐槽同事胖，但你不能说她"肥得像头猪"。调侃和侮辱是两回事，幽默和嘴欠是两回事，直率和轻重不分是两回事。

拒绝别人，可以先自责。比如同事找你代他上节早自习，你不愿意，你可以这样我说："我特别懒，经常睡懒觉，还是个超级拖延狂，经常放鸽子，我对你最负责任的方法，就是不代你上早自习，真的，请谅解！"同事只好说"好吧，那找别人代算了"。

说话能让人喜欢，不只是一个表达技巧的问题，还要我们养成学习、观察的好习惯，不断约束与修炼自己，要常反思，悟出来的才是自己的。"良言一句三冬暖，恶语伤人六月寒"，所以把握好说话的分寸很重要。

下篇　教师与学生进行
有效沟通的艺术

第一讲　师生沟通障碍形成的原因

2016 年 3 月 21 日有新闻报出,陕西宝鸡两名高一学生与男教师在课堂上发生争执,放学后学生刚好碰到教师,双方发生口角后,两名男生疯狂暴打教师,居民看到教师被连番殴打,企图阻止学生打人,但两名学生完全不理会劝阻,居民最后报警求助。警方到场后,将男教师送医院治理,两名学生被带返警局训诫后放回。这一事件曝光后,令不少教师心头一紧,辛辛苦苦从教,却得不到学生应有的尊重,还遭遇暴打。

学生殴打老师的事件其实并不只此一件。据《法制晚报》记者不完全统计,在 2015 年内,至少有 13 起教师被学生和学生家长袭击的事件曝光。其中,两起涉及小学生,六起为中学生,另外还有三起的施暴者是学生家长。

这些事件的发生不能不令人深思,发人深省。作为一名教师,我们在教育活动中经常会面对这样的尴尬:教师在向学生热情地传递知识、价值观和各种行为要求,而学生却毫无兴趣。教师常常面临的是学生的抗拒、消极的学习动机、注意力不集中、厌学等现象,甚至是直接的反对。

因此,教师内心常常会感到很不平衡,会对学生说:"你长大

— 43 —

了就会明白你现在的努力是值得的""我都是为你好""你们要听话""你怎么可以这样对待学习"等。而学生面对教师传递给他们的信息,回应却常常是"这个老师真哆嗦""这个老师真凶""真没意思""讨厌""不想见到你"等,这样的冲突在学校中每天都在发生。

师生关系并不像人们理想中的那样——师生之间绝对地互相尊敬、热爱,互相得到双方需要的满意回报。相反的是相当一部分师生因为双方沟通不畅,长时间在相互埋怨、互不信任,彼此不满意,继而对自己也充满了失败感,然后共同对教育失去了信心。这是一种可悲的事实。问题在哪呢?

中国的一句古话:对牛弹琴。也是我们教师经常挂在嘴上的一句话,意思是讥笑接收信息的人弄不懂发送信息的人说的是什么意思。认为这个人太笨了,与他说这些是白费口舌。

当然我们知道这是一个典故:战国时代,有一个叫公明仪的音乐家,他能作曲也能演奏,七弦琴弹得非常好,弹的曲子优美动听,很多人都喜欢听他弹琴,人们很敬重他。公明仪不但在室内弹琴,遇上好天气,还喜欢带琴到郊外弹奏。有一天,他来到郊外,春风徐徐地吹着,垂柳轻轻地动着,一头黄牛正在草地上低头吃草。公明仪一时兴致来了,摆上琴,拨动琴弦,就给这头牛弹起了最高雅乐曲——"清角之操"来。老黄牛在那里却无动于衷,仍然低头一个劲地吃草。公明仪想,这支曲子可能太高雅了,该换个曲调,弹弹小曲。老黄牛仍然毫无反应,继续悠闲地吃草。公明仪拿出自己的全部本领,弹奏最拿手的曲子。这回呢,老黄牛偶尔甩甩尾巴,赶着牛虻,仍然低头闷不吱声地吃草。最后,老黄牛慢悠悠地走了,换个地方去吃草。公明仪见老黄牛始终无动于衷,很是失望。人们对他说:"你不要生气了! 不是你弹的曲子不好听,问题是你弹的曲子不对牛的耳朵啊!"最后,公明仪也只好叹口气,抱琴回去了。

问题不在牛,而在弹琴的人。如果你对着牛来弹琴,牛能明白吗? 当然不能明白。那这是谁的错? 显然是弹琴之人。若想实现对牛弹琴,首先要会讲"牛语"。这说明在执行当中,面对听不懂的学生,我们也要学会"牛"语了。否则你的学生,怎能执行好呢? 甚至被我们称之为"不拔不动"。

我们再看一则故事:从前有位秀才,夜晚被蚊子咬醒,于是对睡在旁边的夫人说:"尔夫被毒虫所吸也。"秀才看到夫人没有反应,又大声地说了一遍"尔夫被毒虫所吸也",夫人还是没有反应。此时,秀才大怒:"老婆子! 赶快起来,你老公被蚊子咬死了。"妻子闻声,赶快起来,赶走了蚊子。

这个时候,如果你的学生听完你的讲课,对你布置的作业或任务无动于衷。谁之错? 教师。那么要想让学生立即行动,首先要了解学生,用学生容易接受的方式与之沟通,才是上策。

有一个寓言故事:一把坚实的大锁挂在大门上,一根铁杆费了九牛二虎之力,还是无法将它撬开。钥匙走来了,他用瘦小的身子钻进锁孔,只轻轻一转,大锁就"啪"的一声打开了。铁杆奇怪地问:"为什么我费了那么大力气也打不开,而你却轻而易举地就把它打开了呢?"钥匙说:"因为我最了解他的心。"所以,不要对牛弹琴,而要对牛讲"牛语"! 沟通要从对方的角度出发。在教育教学当中,沟通的主导责任是教师自己。

一、学生发出的常见信息类型

教师在信息的获得、知识的掌握和行为规范的形成等方面都先于学生,因此在师生关系中,教师和学生的关系并不对等,往往教师具有更多的掌控力。再加上我国自古以来的传统，人们总是对教师的期望值过高。"春蚕到死丝方尽，蜡炬成灰泪始干"的赞誉使得教师近乎完美、无所不能，使得教师在学生面前成为力量、能力、权威的化身。因此在传统的师生关系中，学生对教师更多的是敬畏、依赖，有可能在服从中失去了独立的需求和能力，教师对学生更多的是包办，可能在控制中剥夺了学生对成长的体验。

教师作为新时代的育人者，需要帮助学生发现自己成长的力量，需要引导学生走出困境，把学生培养成为一个独立的、有自主性的人而非教师或者父母的复制品。现在，我们需要建立平等与尊重的新型师生关系。

在学校中，学生一般充当求助者的角色，更多地接受教师的帮助，而不是充当别的角色。当学生需要获得帮助时，教师的回应方式应该是尊重学生的感受，还是以自己的感受代替学生的感受呢？当然是需要从学生的诸多想法中帮助学生厘清思路，从学生角度出发，引导学生做出正确的决定。教师的做法直接影响着学生的独立和依赖性，那么教师如何判断学生的请求，又如何回应学生的请求呢？

学生寻求帮助的请求一般可以分为四种类型：行动请求、信息请求、理解或参与的请求、不恰当的互动请求。

（一）行动请求

行动请求是学生请教师做或不做一些事情。学生的行动请求大多时候是清晰、直接的，比如"老师，我能去趟厕所吗"，"老师，我头很疼，您能通知我家长来接我吗"或"老师，今天中午您能和我们一起去打篮球吗"。

也有些学生担心自己的请求会被拒绝，所以给自己的请求穿上了外衣，拐着弯儿地说自己的请求。例如，"老师，这次考试我没考好,我可以重新考一次吗?"此时,教师要先判断学生请求的重要性,关注学生的生理需要。比如当课堂上学生问能否去厕所时,教师的有效回应就是同意学生的请求,保护学生的健康。再如"老师,这次考试我没考好,可以重新考一次吗"这样的请求,教师就要先判断学生真正的需求是什么,是希望老师给一个好分数还是不希望让家长责骂?或者是希望老师指点一下自己以后如何学习?如果拿不准,则需要和学生进一步沟通和讨论,帮助学生澄清自己的真正需求,然后给出恰当的回应。

再例如,有学生提出请求,问"老师,我可以重新考一次吗",这名学生最担心的可能是老师会跟家长告状,担心家长生气,担心家长打骂自己。此时教师要和学生开诚布公地谈,打消学生的顾虑,给他一种安全感。即使教师要找那个学生的家长,也可以把自己想与家长沟通的内容先告诉学生或者和学生达成协议。找学生家长或者不找学生家长,目的都是解决问题,这种有效的沟通会赢得学生的信赖和尊重,从而拉近学生和教师的关系。

(二)信息请求

信息请求是学生请教师提供一些信息或建议。信息请求一般可能包含更多的潜在信息和言外之意。教师对信息请求的回应原则是能够从学生的信息中捕捉有助于学生独自成长的信息,让学生感受到好的办法来自自己而非老师。教师要让学生相信自己是可以解决问题的,增强学生的自信心。当学生感受到自己可以独立面对和解决问题时,他便获得了掌控感和安全感,得到了成长。

一般而言,对学生的此类请求,教师应先就学生表面的请求给出回应,等学生揭示进一步的问题时,再继续展开。例如,一次体育活动时间,一名学生坐在冰凉的台阶上看课外书,年级主任看见后把他的书拿走了。

学生:老师,学校有规定课外活动时不许看课外书吗?

教师:没有。怎么啦?

学生:张主任拿走了我的书。

教师:哦……

学生:张主任说台阶太凉了,让我起来活动活动。可我看见有好多同学都坐在操场上聊天,也没有活动呀!

教师:你觉得……

学生:我觉得有一点儿不公平,坐操场上聊天儿的那些还不如我呢!不过我最担心的还是张主任把我的书没收后就不给我了。

教师:你说张主任说台阶太凉了?

学生:是啊! 台阶是有些凉呢!

教师:我想她只是担心你着凉了,肚子会痛的。

学生:哦! 原来是这样。我以为她没收了我的书是在罚我!原来张主任只是担心我着凉,我误会她了。那张主任一定会把书还给我的,我这就找张主任去……

这名学生只想从老师那儿知道自己能不能要回自己的书,但他的信息藏在了觉得自己受到了不公正对待的感受后面。一开始他都在和老师描述张主任批评了他,而没有批评别的坐在操场上聊天的同学,还把他的书拿走了。教师专注的倾听使得学生继续说出了自己真正的担心——"担心拿不回自己喜爱的书",当老师从学生的话语中捕捉到"张主任说台阶太凉了"时,说出了自己的判断,即"我想她只是担心你着凉了,肚子会痛的",对学生的信息请求做出了有效的回应。

(三)理解或参与的请求

当学生寻求教师的理解和支持,而非直接要求答案时,此时学生的请求就是期待教师理解或参与其感受。此时,教师要想学生所想,感学生所感,尊重学生的感受,即要和学生共情,避免忽视和冷落学生的感受。

例如:

学生:老师,我以后想当一名老师,但是跟现在的老师不太一样,就是想当能够理解学生的那种老师,您看怎么样?

教师:听起来不错。

学生:我觉得我们班主任一点儿都不理解我们。无论我们犯了什么错,都罚我们写一千字儿的检讨。

教师:一千字儿的确不太好写,要半个多小时吧?

学生:是啊。关键没什么用,比如我这次犯错了,我写了一千字的检讨,那要再犯错了呢? 再写一千字儿,再犯错,再写……有什么用?

教师:那样可就不是一千字儿了。而且如果没有思想上的切实认识和态度上的转变,的确没什么用。

学生:谁说不是呢? 我在上操时跟同学追着玩,被班主任看见了,罚写了一千字儿的检讨。在宿舍,同学坐在我的床上,我不想让他坐,就使劲儿推他,谁知他更使劲儿地往我床上蹭,结果我俩摔地上了。宿管老师通知了班主任,又是一千字儿的检查,弄得我作业都没时间写了。

教师:看来你不止为那一千字儿烦恼,你还担心……

学生:我担心完不成作业啊! 那样明天还会在被批评中度过,保不齐又是一千字儿,好惨啊!

教师:那你觉得什么时候能完成今天所有的作业呢?

学生:明天中午吧！午休加上大课间应该能写完今天的作业。

教师:班主任知道你现在的想法吗?

学生:不知道。

教师:有没有想过把你的想法告诉班主任? 也许会不一样呢?

学生:真的吗? 我没有想过。不过我可以去试试,看看作业能不能明天中午交。我也知道打闹让班主任担心,罚写一千字儿主要是不希望我们打闹。唉! 以后一定不和同学闹,我真不愿意写一千字儿的检讨啊!

这名学生先从自己的理想谈起,当教师表现出对他的尊重和理解时,他继续说出了他不好的感受——觉得班主任不理解他们,总是不问缘由地罚写一千字的检讨。当教师继续与他共情时,听出了他的担心并帮助学生澄清了他的担心,引导学生自主地解决问题。

(四)不恰当的互动请求

当学生抱怨连篇、非议老师或家长时,他们希望教师认同的请求就是不恰当的,教师对此类信息请求最好的回应是明确表示不愿意继续这样的谈话。

例如:

1.学生:我的父母都没有上过大学,他们不能理解我在填报志愿的时候压力有多大。

教师:去和父母沟通一下你的想法吧。

2.学生:昨天我看到李老师了,他和另外几个老师在一起喝酒划拳。

教师:我并不关心李老师他们下班后干什么。

3.学生:这次考试有人作弊了,不然我的成绩会更好。

教师:考试时专心做题也会让你考得更好。

4.学生:我们小学数学老师什么都不讲,只让我们做题,所以我的数学才这么烂。

教师:看来你不大喜欢数学老师。

针对学生的请求,教师在回应前要先判断学生发出的是哪种请求。对于行动请求教师要给出恰当的行动回应,对于信息请求教师要给出合理的信息,对于理解或参与的请求教师要给出促进性回应,对于不恰当的互动请求教师要委婉地拒绝或不予回应。例如,课堂上学生问:"老师,还有多长时间下课?"这条信息包含的信息可能是"我想知道还有多长时间下课",也可能是"我想上厕所",可能是"这节课好无聊啊,快点下课吧"或"我饿了,想吃点东西",还可能是"语文老师让我下课找她一下"或者"我头好疼,得去医务室一趟"……当教师无法判断学生的信息类型时,教师可以问自己几个问题:"他想要说的是什么?""他希望从我这里获得什么?""我能为他做些什么?"进而判断学生真正的需求,给出恰当的回应。分辨学生的信息类型就像在十字路口一样,教师要先判断再给出回应。

二、无效的师生沟通模式

师生沟通的主动权在教师,教师能否打开学生的话匣子,是师生能否进行有效沟通的前提。在学生需要帮助时,教师应当在尽量保护学生的自尊和安全感的前提下,尊重和理解学生,对学生的信息进行有效回应。这样能够促进学生的自我探究,增强学生的责任感。如果教师无视学生的感受和情绪,以自己的感受代替学生的感受,以自己的体会代替学生的体会,甚至把自己的价值观强加给学生,那么教师的回应就是无效甚至有害的。这样的话,师生间的双向沟通变成了教师的单向说教,学生会渐渐地关上自己的心门,在敷衍的应和声中使师生关系日渐疏离。

盖兹达在《教师人际关系培养》一书中陈述了十种教师的无效回应:军官式、权威式、魔术师式、历史学家式、侦探式、贴签者式、巫师、刽子手式、礼品店主式、监工式这十种类型。

现结合我国的教育实际重新整理并论述如下。

(一)十种无效回应的特点及其导致的结果

情境一:下课后,一名学生对教师说:"您让我当学习小组组长,但是我觉得我做不来,组里好多人都比我能力强。请您找别人做组长吧。

1. 军官式的回应

军官式回应的表现:正如军官希望士兵百分百地执行命令一般,军官式的教师认为自己知道学生应该采取的行为,并且不需要向其解释。

学生:您让我当学习小组组长,但是我觉得我做不来,组里好多人都比我能力强,请您找别人做组长吧。

教师:你先平静一下,整理一下思路。晚上回家以后给每个组员分配应该做的事情,明天给他们安排下去,没问题的。

该回应的结果:没有关注学生的感受,也没有解释建议的理由。这种语言方式容易让学生觉得自己的感受、需求或问题并不重要,自己必须顺从教师。

2. 权威式的回应

权威式回应的表现:如同某些权威人士一般,该类型的教师容易用一些箴言或者预言向学生传授人生阅历或者经验智慧。

学生:您让我当学习小组组长,但是我觉得我做不来,组里好多人都比我能力强。请您找别人做组长吧。

教师:你还没尝试,怎么知道自己不能做? 一定要尝试一下,即使最后失败了,做也比不做好。

该回应的结果:由于箴言和预言都过于客观冷淡,对学生的个人处境没有关注到,显得强硬而刻板。而且容易因为说的道理过于陈腐而被学生忽视。这种语言模式易引起学生的敌对情感,不利于和谐师生关系的建立。

3. 魔术师式的回应

魔术师式回应的表现:如同魔术师一般,教师轻描淡写地告诉学生"没有问题",好像就把所有问题都化解了。

学生:您让我当学习小组组长,但是我觉得我做不来,组里好多人都比我能力强。请您找别人做组长吧。

教师:事情不是你想的那个样子的,没有问题的。

该回应的结果:由于问题实际存在,所以简单的安慰不能持续很久。否认问题的存在,实际上对学生是不尊重的,因为这相当于否认了学生自身的经历和感受,容易让学生怀疑自己、否定自己,从而无法接纳自己。

4. 历史学家式的回应

历史学家式回应的表现:如同历史学家一般,教师试图回忆发生在他们身上的类似事件,希望通过自己的经验让学生有所领悟。

学生:您让我当学习小组组长,但是我觉得我做不来,组里好多人都比我能力强。请您找别人做组长吧。

教师:我知道你的感受。我记得我初一的时候,不,是初二的时候,也遇到这么个情况。我被选中去参加学校的一个演讲比赛,当时我也觉得自己做不来,所以我也去找了我的老师……

该回应的结果:在关系建立的初期,这种回忆对形成好的氛围并没有实际的作用。学生可能感到自己的问题受到忽视,或由于听到的信息过多而无法提炼出老师的建议。学生会觉得老师说了那么多,但都无关痛痒,问题还是没有得到解决,会怀疑和否定老师,以后再遇到问题时可能选择不再求助于老师。

5. 侦探式的回应

侦探式回应的表现:如同侦探一般,教师极力想弄清事情的真相,盘问求助者各种细节。

学生:您让我当学习小组组长,但是我觉得我做不来,组里好多人都比我能力强。请您找别人做组长吧。

教师:怎么啦?是不是有人说你了?有人不听你的了?还是你担心自己做不好呀?

该回应的结果:教师没有对事件本身进行回应,对学生的感受漠不关心,容易让学生产生一种老师在打岔的感觉。学生内心的感受没有得到尊重,内在的需求没有得到满足,学生会觉得老师像名三流的射手,射出很多支箭,却都没有射中红心。

6. 贴标签式的回应

贴标签式回应的表现:贴标签者的教师喜欢给学生命名,认为只要把学生身上的问题"清晰"地说出来了,就能够得到缓解甚至解决。

学生:您让我当学习小组组长,但是我觉得我做不来,组里好多人都比我能力强。请您找别人做组长吧。

教师:你只是担心自己不如别人而已,你太自卑了。你要相信自己是最棒的,做个自信的人。

该回应的结果:学生被赋予消极命名,感觉受到了批评,这对师生关系的建立非常不利。学生可能会认同老师的论断"我的确很自卑"或"我一直都很自卑的",也可能是"我知道我不是最棒的,老师为什么要骗我"。

7.巫师式的回应

巫师式回应的表现:如同巫师一般,教师仿佛能够预见将要发生的所有事情,并以预言的方式说出来。

学生:您让我当学习小组组长,但是我觉得我做不来,组里好多人都比我能力强。请您找别人做组长吧。

教师:别把他们看得太强大了,否则你的能力真的会不如他们的。

该回应的结果:教师用预言的方式,将自己从对话中彻底地摘除出来,推卸了自己的帮助责任。虽然说的话有时的确没错,但是有可能让学生产生愤怒和抵触的情绪。当学生跟教师说组里好多人都比自己能力强时,他缺乏的是安全感,需要的是鼓励、支持和建议,而不是事情的逻辑结果。

8.刽子手式的回应

刽子手式回应的表现:如同法官和刽子手一般,教师试图让学生发现,正是他们自己的行为才导致了现在的困境,学生是"罪有应得""自作自受"的。

学生:您让我当学习小组组长,但是我觉得我做不来,组里好多人都比我能力强。请您找别人做组长吧。

教师:要我说你心思太重了!一个学习小组长而已,重在组织本组同学的学习,收发作业!纠结成那样,那不是自讨苦吃吗?

该回应的结果:当教师用"刽子手"的身份出现的时候,学生多半感受到被指责,尽管往往这种指责是就事论事,是准确的,但是仍然感觉受到伤害,觉得老师对自己过于苛刻。因为学生当前处于脆弱的、需要帮助的状态,需要的是帮助而非惩罚。

9. 礼品店主式的回应

礼品店主式回应的表现:如同礼品商店店主一般,教师不喜欢谈论不愉快的事情。他们措辞华丽,赞不绝口,想把学生的问题尽量缩小化、安全化。

学生:您让我当学习小组组长,但是我觉得我做不下来,组里好多人都比我能力强。请您找别人做组长吧。

教师:像你这么谦虚的学生真的很少见呢! 老师就喜欢这样的孩子,既然选了你,就是老师相信你。放松点,你肯定没问题的。

该回应的结果:虽然教师将问题藏在了"乐观"之下,但是问题依旧存在,学生没有得到任何帮助。有时候学生还会由于这种安慰而放松警惕,忽视了问题的解决,对现实状况的好转没有帮助。

10. 监工式的回应

监工式回应的表现:如同监工一般,教师认为人们如果很忙,就会无法思考这些让人难受的问题。

学生:您让我当学习小组组长,但是我觉得我做不来,组里好多人都比我能力强。请您找别人做组长吧。

教师:你的职责就是收发作业,组织学习。如果实在觉得自己不如组里的其他同学,那就加油,尽快超过他们就是了。

该回应的结果:监工式的回应实际是在告诉学生,目前他所苦恼的这件事情不如别的事情重要,而这会让学生感到不受尊重和被忽略。教师应该直接对求助者的问题进行回应,而不是顾左右而言他。

(二)无效回应的甄别

1.在以下情境中,请针对教师乙的不同回应做出判断。

情境二:办公室里教师甲正在对教师乙说话。

教师甲:今天我真是太狼狈了。工作越堆越多,时间根本就不够用。恐怕我只是在做无用功。

教师乙的回应如下:

回应一:你刚才说的是什么意思? 你觉得你比别的老师更辛苦? 来,和我说说究竟什么原因让你觉得这么烦恼。(侦探式)

回应二:你肯定不愿意被别人看作半途而废的人,你只是最近心情有点低落,加油,去做个奋进者吧。(贴签者式)

回应三:别把这些看得太重了,否则你会把自己逼崩溃的。(巫师式)

回应四:要我说啊,你就是自讨苦吃。是你主动要承担那些额外的工作的。(刽子手式)

回应五:像你这样有奉献精神的人常常都有这种感觉,要是没有你们,我们什么都干不了。(礼品店主式)

回应六:哎呀,我们要担心的其他事多着呢!(监工式)

如果你是教师甲,面对上述几种回应,会有什么感受呢? 是否还愿意和教师乙继续讨论下去?

2.在以下情境中,请对教师的不同回应做出判断并试着写出学生对这种回应产生的想法。

情境三:在学生学习遇到困难时,引发的师生间的一场对话。

学生:我不知道学习文言文有什么用,平时说话又不需要说文言文,我家没人懂这东西,可活得也好好的,学这些就是浪费时间。

回应一:你是不是好多地方都不懂? 你家里人受过多少教

育？你有没有学得稍好些的课文？（侦探式）

回应二：不用思考这些没用的问题。下个礼拜就要期中考试了，你要尽量好好准备。如果考试考砸了，你是知道后果的。（巫师式）

回应三：嗯，你来得正好，我正要找你呢。我知道你国画画得特别好，艺术节正好要出展板了，你回去把你画得好一些的作品拿来布置展板吧。（监工式）

正如大家所判断的，上述三种回应都是无效的回应，教师的无效回应激不起学生继续讨论的欲望。回应有帮助时，学生可能羞于表达感激之情，回应没有帮助时，学生懒得讨论，这样的沟通会导致学生最不好的回应。此时，即使谈话还在继续，学生也会让谈话处于浅层的"安全状态"，不再进一步地分享和探索，如同浮在表层的社交谈话，帮助甚微或者没有帮助。师生谈话的结束多半是因为学生认为多说无益。要想使得回应能够促进师生沟通，亲密师生关系，那么教师必须尊重学生的感受，能感学生所感，想学生所想，即能与学生共情，引导学生说出自己的需求或者解决学生学习和生活中遇到的问题。

正确的回应如下：

教师：的确，现在几乎没有需要用文言文的地方，但这是一种文化修养。如果你愿意的话，咱俩可以探讨下学习文言文的作用。但是我现在最担心的，是你在学习过程中遇到了什么困难。

学生：我就是觉得，文言文好像没啥学习的必要。

此时学生会想，老师完全知道自己在想什么，真是太不可思议了，老师或许早就注意到了自己的学习现状。学生会愿意和老师再多说一些，看看老师到底对自己是怎么看的，能教自己一些什么。这样的回应才能够打开学生的话匣子，使学生愿意和老师进一步沟通,是有效的、促进性的回应。

三、师生有效沟通的基础——共情与尊重

(一)共情

在师生沟通中,教师如果能够从学生的角度去看待问题,了解学生产生某种行为的原因,能够与学生共情,那么学生就会卸下对教师的防御,敞开心扉,师生间就可以快速建立良好的关系。

1.什么是共情

共情,也叫同理心,是指对他人的心理活动或情感感同身受、体验他人内心世界的一种能力。通俗地讲,共情就是能够设身处地地站在对方立场上考虑问题,做到通情达理。教师的共情通常指放下个人成见,进入学生的世界,去看学生所看到的"事情",去听学生所听到的"真理",并让学生知道自己的想法。共情是一种能力,更是一种态度。师生间的共情会带来沟通方式的改变,这种改变是发自内心地体会到对方感受的一种表现。

2.共情的作用

共情是交往的前提条件,具有重要的功能。

首先,师生间共情的好处。教师和学生是两个独立个体,有着不同的感受。这种感受没有对错之分,只是一种真实的客观存在。好的感受会产生好的行为,不好的感受会产生不好的行为。要想让学生有好的行为,需要让学生有好的感受,教师对学生的共情有助于学生产生良好的感受。当教师与学生共情时,教师会接纳学生的感受。这种接纳会让学生产生一种被尊重、被理解的好的感受,从而产生好的行为,如探索自我的需要、尊重并接纳教师等。当学生能够与教师共情时,教师也会感到欣慰和愉悦。师生间如果充满着相互理解、接纳、体谅和爱的气息就能够快速建

立起信任、尊重、友爱的关系。

例如,当小宇又一次把张老师强调过、反复练过的题目做错时,张老师找到了小宇,了解他做错的原因。

教师:我想你需要老师的帮助。

小宇:的确,我不明白这道题目,可我又不敢问您,这道题目太简单了。

教师:这样啊……

小宇:是的,这道题您讲过好几遍,做过很多类似的题目。可我还是不太理解,没弄懂,所以还会出错……

教师:数学本身就很抽象、逻辑性很强,如果不理解的话,同样的题目换个背景或者变个数据就又不会了。

小宇:是啊!我的数学一直就学得不好。看见题目我就紧张,越是您强调的东西,我越担心自己不会,结果越是理解不了。

教师:在老师讲课时,可能你的注意力都放在担心、害怕上了,老师讲什么你都顾不上听。以后再遇到这种情况,你试试集中精力听,听不懂时就举手,老师换个角度再解释,也许你就听懂了。

小宇:那样不会影响您吗? 无论什么题目?

教师:不会啊! 别忘了我的职责就是答疑解惑呀! 也许不明白的不只你一个呢! 所以,无论什么时候,你都需要把你的疑问告诉老师,老师和你一起讨论,一起面对。

小宇:好的。

以上这种沟通方式使学生在被理解和尊重的情境中很放松,注意力完全放在了如何解决问题上。如果教师不能与学生共情,那么无论教师说什么,在学生眼里都是虚伪的,都是想对自己进行操控。

其次,师生间不能共情的后果。教师只有真正与学生共情,才会打动他们的心。当一个教师不能或者不愿意与学生共情时,则可能产生不好的影响,恶化师生关系。

例如,下午体育活动跑步时,小龙刚跑出几步就开始走。而此前李老师刚刚和小龙进行了一场谈话,跟他约定遇到困难要坚持。李老师心里想:"怎么这么不提气?这下班级又要被扣分了。"他气恼地走向小龙。

教师:你怎么又不跑了?一会儿跟我回班!跑都跑不动了,还怎么打篮球呀?

小龙:我刚才岔气了,不能跑了。

教师:那更不能打篮球了。

小龙:现在好了。

教师:怎么那么快就好了?我岔气时得半天才好呢,我看你八成又在偷懒!

小龙:我没有,刚才我都坚持了一会儿呢!是真的很不舒服,所以我才开始走的……

教师:跟我回班!

小龙:那我现在跑满三圈可以吗?

教师:不行,跟我回班!

(小龙在操场上不动,李老师更来气了,两个人僵持在操场上。)

在这个沟通过程中,小龙可能会有以下一些感受。例如,感到失望,认为教师对自己不理解、不关心。自己是岔气了没法跑,可是老师不相信自己。小龙失望之余可能会减少甚至停止自我表达。例如,小龙会觉得受到伤害。由于李老师没有考虑到小龙的感受,而是从自己的主观感受出发去判断小龙的行为,认为他是因为懒惰不想跑步,因而很难真正理解小龙的问题——岔气儿了,很难受。李老师的不耐烦、反感或者批评,会使小龙觉得受到了伤害。

例如,影响小龙的自我探索。自我探索是学生成长、进步的必经阶段,但李老师此处的回应缺少与小龙的共情,对小龙的自我探索不够关注,忽视了小龙即使岔气儿了还坚持跑、走而没有立即停下来的努力,从而影响了小龙对自我的了解。小龙因此可能会自暴自弃地想"懒就懒,我还真就不跑了"。

此外,李老师对小龙缺少共情的回应使李老师不能真正了解小龙的问题与需要,因而做出的反应也缺乏针对性。小龙需要的理解和鼓励没有,小龙反感的呵斥不绝于耳。这会使小龙的心远离李老师。

当教师与学生共情时,学生会意识到教师在认真地听他说话,努力地理解他的感受。学生会觉得跟老师的沟通是值得的,愿意打开话匣子和教师沟通,在沟通过程中教师渐渐地理解学生的需要、兴趣和感受,形成互助的新型师生关系。

如果上例中李老师换一种共情的沟通方式,会产生什么不同的效果呢?让我们看一下:

教师:你怎么啦?

小龙:我刚才岔气了,特难受。我都坚持很久了,实在太难受了,跑不了了我才开始走的。

教师:的确,岔气是很难受的。

小龙:是啊!我感觉自己都快站不住了。可我答应过老师遇到困难要坚持的。

教师:以后遇到这种情况时要及时停下来,身体是第一位的。现在要是还不舒服的话,就回班休息一下吧。

小龙:现在好多了。而且我跟同学约好了练球呢! 您知道下周一要比赛了……

教师与小龙的共情不仅给之前师生间的约定有了一个很好的解释,而且班级的篮球比赛又多了一员虎将。这种效应还会扩散到其他同学身上,增加班集体的凝聚力。

再次,如何共情。教师与学生的共情要求教师不仅能体会学生的感受,还能帮助学生澄清感受、清晰地说出自己的感受。

教师与学生的共情一般有以下几个步骤:

第一,安静专心地倾听。在倾听中,教师要能听到学生的需求,听出和接纳他的负面情绪,理解他的感受。在学生的倾诉中,教师要挖掘出学生在负面情绪的汪洋中仍积极解决问题的努力,捕捉到学生思想中可以燎原的星星之火。

例如,雯雯跟张老师说她不想坐在小龙的后面了。

教师:是他影响到你了吗?

雯雯:怎么说呢,应该是我影响到他了吧?

教师:哦?

雯雯:他都没毛病,他太优秀了!

教师:你是说他都没毛病?

雯雯:每次我的笔袋儿掉地上,他都会帮我捡起来,说"看好你的笔袋,别再掉了"。可是我的笔袋儿还是会掉地上,他还是会帮我捡,说"别再把笔袋儿掉地上了"。昨天,他跟我说:"你的笔袋儿再掉地上的话,我踩着了可不管啊!"今天,我的笔袋儿又掉地上了,他还是帮我捡了起来了。那会儿,我都觉得自己该骂!感觉像老欠着他人情似的,不舒服!

此段对话中,教师开了一个话头,并通过一些语气词,或者简单地重复学生的话,打开了雯雯的话匣子,知道了她内心的负面感受。她的不舒服感主要源于内疚,或者不愿意再让别人帮她捡笔袋。此时教师往往需要进入第二个环节,回应学生的感受。

第二,客观地回应教师所听到的学生的负面情绪、负面感受。要用简单的词语回应学生的感受或直接重复学生的感受,比如"哦,原来是这样……""你是说……"等,使学生传达出更多的信息。

如上例——

教师:你觉得你给他添麻烦了?

雯雯:是啊!您说我的笔袋儿掉地上了,该我捡吧?可每次他都帮我捡,老给人添麻烦多不好意思呀?

教师:不好意思?

雯雯:是啊!还有我喜欢自己的事情自己做,我不想麻烦别人。

教师:的确,我也喜欢自己的事情自己做。

雯雯:我就搞不明白了,怎么只有我的笔袋儿老是往地上掉,别人都不这样啊,好烦的!

教师:你的笔袋儿是不是有些特别呢?

雯雯:这倒是!我爸送我的生日礼物,一个超级大的笔袋儿,我放了所有的东西在里面,除了各种笔,还有彩笔……老师我知道了!

教师:什么?

雯雯:我可以把不常用的东西放书包里,换个小点的实用的笔袋儿就可以了。

教师:一个不错的主意!

雯雯:我还可以把笔袋儿像书包一样挂在课桌侧面的挂钩上。

此段对话中,教师与雯雯的共情帮她澄清了她真正的烦恼是不愿意总麻烦别人,而不是坐在小龙后面。在和教师的沟通过程中,雯雯自己想到了解决这个烦恼的办法:可以调座位,或让自己的笔袋不再掉在地上。到这一步,学生的问题就已经解决了,此时教师若还能继续与学生共情的话,则进入第三个环节,此时的沟通会有效地增进教师的亲和力,促进师生关系。

第三,使用情感词汇表达出自己所感受到的学生的感受,把自己对学生的共情传递给学生,让学生明白教师在努力地理解他的感受和处境,让学生明白成长的路上不管处境如何,教师都会永远陪伴他,接纳他。

如上例——

教师:你已经找到了三种办法解决你的麻烦,看得出你很高兴!

雯雯:是啊!调换座位、换个小点儿的笔袋、把笔袋挂在课桌的侧钩上,确实如此。可我当初怎么那么苦恼,非得找您帮我换座位呢?

教师:老师知道你独立性很强,老师也能够理解你。

雯雯:我知道,所以才敢"因为别人优秀,自己受不了"而找您调座位啊!

此段对话中,教师说出了雯雯找到解决烦恼的办法后的感受——欢愉,也听到了雯雯对自己信任的语言——"才敢'因为别人优秀,自己受不了'而找您调座位。"这种开诚布公的对话,无疑会促进师生间的信任、理解、友善与尊重,形成彼此信赖的、最有影响力的师生关系。

最后,如何提升教师的共情能力。教师与学生的共情能够有效促进师生沟通,有助于建立良好的师生关系,提升教师的影响力。那么怎么样才能提高教师与学生的共情能力呢？

其一，教师要试着从学生的角度理解学生的感受，这样学生才愿意让教师进入他的内心世界。教师可以多问自己："我是否主观性很强？""我是否对学生抱着开放、接纳、理解的态度？""我是否做到了设身处地地进入学生的内心世界？"

其二，教师要适时验证自己是否做到共情。当不太肯定自己是否达到了共情时，可使用尝试性、探索性的语气来表达，跟学生核对并做出修正。例如，询问自己："我说的对吗？"或"不知道我说的是否正确？"

其三，教师要丰富自己的人生经验，拓宽自己的生活面。不要惧怕学生的负面情绪及感受，教师要勇于靠近学生，无条件地接纳学生的感受，尤其是负面感受。

其四，教师要尽量抽时间看电视、电影，阅读报刊和畅销小说，阅读诗歌、文学作品，了解社会的政治经济、文化状况等。通过熟知人生百态，教师可以提升自己宽容的能力，"没事儿时养养宽，有事儿了才容得下"。

其五，教师对内心的爱、喜悦、平静的追求，教师对快乐、自由、享受的感受，教师的目光、面部表情动作变化等都比言语表达更简便而有效，更能促进共情能力的提高。

其六，教师要具有敏锐的观察力。教师对学生情绪和感受的识别，有助于提升教师的共情能力。例如，一名学生把双手绞在一起，怯怯地对教师说："我不敢问老师讲过的问题，我怕老师嫌我烦。"

"双手绞在一起"是学生紧张害怕情绪的一种反映，再加上"怯怯的声音"，教师很容易识别学生的情绪，即紧张和担心。当教师感受到学生的紧张和担心时，就可以从帮助学生放松入手，和学生沟通,与学生共情,消除学生的防御心理,促进师生间的有效沟通。

(二)尊重

无论教师有多么努力地想与学生进行交流,无论教师有多么强烈的愿望,希望和学生建立良好的关系,如果教师不能尊重学生作为独立个体的存在,不能维护他的尊严,简言之,如果教师不能尊重学生,那么师生间就无法建立亲密和信任的关系。什么是尊重? 教师又该如何表达对学生的尊重呢?

1. 什么是尊重

尊重即敬重、重视。教师对学生的尊重是指教师对学生的观点、学生的感受、学生独立解决问题的能力的尊重,是教师对学生能够把握自己的人生的信任。具体而言,教师对学生的尊重一般体现在三个方面。

第一,尊重学生的心灵。体现为:尊重学生的兴趣爱好,尊重学生的情绪和情感,尊重学生的个性特点,尊重学生的抱负和志向,尊重学生的选择和判断,尊重学生的个人意志,等等。

第二,尊重全体学生。作为教师,应该做到对全体学生的尊重,尤其是智力发育迟缓的学生、被孤立的学生、有过错的学生、有严重缺点的学生、和教师意见不一致的学生、冒犯过自己的学生等。

第三,维护学生的自尊心。体现为:不体罚学生,不辱骂学生,不大声训斥学生,不羞辱、嘲笑学生,不随意当众批评学生,不随意向家长告状,等等。

例如,学生英语改写句式的第三人称单数不是太明白,过来问老师。

学生:老师,我这块儿改写得对吗?

教师:我和你一起看一下。

学生:除了第三人称单数的变形外,别的我明白的。

教师;哦! 第三人称单数的一般情形你会吗?

学生:我会的,就是加"s"。

教师:是的。特殊的那几类你需要记忆一下。

学生:我记下来了,以"s,x,sh,ch,o"结尾的动词要加"es",以"y"结尾的动词要把"y"变为"i"再加"es"。这个我也知道,就是应用时经常忘记。

教师:我和你的观点——除了"以'y'结尾的动词要把'y'变为'i'再加'es'"外都一样。咱们一起查查书吧,我也记不太清了。

学生:好啊……

(师生一起翻书。)

学生:我看到了! 是以辅音字母 + "y"结尾的动词才要把"y"变为"i"再加"es"的。比如 stay 的第三人称单数就是 stays。我明白了!

教师:你看,老师也有记不清楚的时候呢! 熟悉了就会好很多。

在教师对学生的尊重中,学生获得了解决问题的勇气和力量。

苏霍姆林斯基讲过这样一个故事:

学校的花园里开出了一朵极大的玫瑰花,全校的学生都非常惊讶,每天都有很多人前来观赏。一天早晨,他发现一个 4 岁左右的小女孩已经摘下了那朵玫瑰花,正拿在手里快活地往外走。

苏霍姆林斯基:"孩子,你摘这朵花是送给谁的呀? 能告诉我吗?"

小女孩有些羞怯地说:"我奶奶病得很重,我每天都陪着她说话。我告诉她,校园里有一朵非常大的玫瑰花,奶奶就是不相信,我现在摘下来送给她看看,看过了我把它送回来。"

听了小女孩天真的回答,看着小女孩纯朴的小脸,苏霍姆林斯基心里很感动。他牵着小女孩的手又回到了花园里,摘下两朵大的玫瑰花对她说:"一朵是奖励给你的,因为你有充满爱的心灵;另一朵是送给你奶奶的,感谢她养育了你这样的好孩子。"

正是大教育家对小女孩的尊重让他发现了一颗充满爱的心灵,发展了孩子爱的能力。此外,尊重学生还体现在:给学生时间,倾听学生;细心、真诚地听取学生的意见;放下教师的个人成见客观地对待学生,接纳学生。教师应该时刻都能让学生体会到教师的关爱,如批改作业时的耐心、上课时的投入、课间游戏时的热情,甚至在批评学生时都要以爱为前提。

2. 教师如何尊重学生

教师对学生的尊重,不仅会让学生体会到自己是有价值的人,而非物品,而且会在学生的心田中播下自我尊重和尊重他人的种子。那么教师如何尊重学生呢?

(1)观念上的尊重

教师要善于发现每个学生的闪光点,并且视之如至宝,精心地呵护与引导。即使是所谓"差生",也应该相信他们不是天生就学习差,而是一群"才能未被开发之人"。

首先,充分了解学生的思想。世界上没有不会犯错的个体。从心理发展的角度来讲,学生也需要不断尝试与挑战。当学生与教师对问题的立场、观点、看法不同时,教师要注意多鼓励其大胆地表达,使自己充分了解学生的思想。不能因为学生的无知、异议、错误或者不同的看法而打击学生,强迫学生按照老师的想法行事。这种方式只能导致学生对教师的反感、厌恶，或是阳奉阴违。一旦失去外力的压制，将会引起学生更大的反弹。对于学生思想有偏颇的地方，教师应以平等的身份去交流，顾及学生的自尊，讲究语言艺术，使学生对教师产生亲近、信任的感觉，愿意与教师做真心的交流。只有这样，教师才有机会对这个心灵加以正确的引导。所以在对待学生时，教师不但要接受并理解"好学生"犯错误时的心态，也要善于尊重理解其他学生的身上出现的各种问题，客观公正地看待每一位学生。

其次，理解学生的异想天开。"好学生"不是流水线上的产品，可以复制，千篇一律。教师要欣赏学生独特的个性。现代社会讲究创新，青少年时期是人的思维和认识活动最活跃的时期，也是善于接受和吸收新生事物、热情大胆、敢作敢为的时期，这正是一个富于创新精神的阶段。不同特点的学生，他们的思维方式、处事方法也是不一样的。教师要善于发现学生的独特个性，尊重并欣赏这种特性，给予学生发挥个性、突破自我的自由，为学生创造发挥想象力的空间。因为未来不是我们要去的地方，而是我们要创造的地方。

韩愈的《师说》提出这样一个观点："弟子不必不如师，师不必贤于弟子。"在日常的教学过程中，学生经常会针对教师的理解提出理解深刻、角度新颖、方法独到、思路精妙的见解。这时教师便应该及时、积极、热情地鼓励和肯定学生。不应该由于觉得学生伤及了自己的颜面而对学生的想法加以挑剔，显示自己必强于学生。教师尊重学生思考的成果，虚心向学生学习，表达对学生的敬佩，会使学生更加积极地去体验学习中的快乐，乐于和老师、同学分享思想的精华。

（2）语言上的尊重

一句话可以改变一个人的命运，可以让一个人功成名就，也能让一个人一败涂地。教师如果每天对学生输入积极或消极的语言，其生命的质量将会完全不一样。

在师生情感传递中，言语是十分外显而直接的引导方式，教师应该选择最恰当的方式，有目的、有意识地从语言信息中表达对学生的尊重。如果语言处理得不好，教师无意中说出的话会对学生产生微妙的作用，极有可能导致事与愿违，劳而无功，甚至加重学生的逆反心理；反之，如果处理得好，学生听到教师的肯定、尊重、赞美，会增添自信和动力，师生之间容易达到共鸣，则会事半功倍，加大教育成功的概率。

教师的语言要纯洁、文明、健康，即用语要文雅、优美，语调要和谐、悦耳，语气要亲切、和蔼，使学生听后能产生愉快感，乐于接受教师的教诲。教师的语言要健康，就是指在使用语言时，切忌一切低级、粗俗的污言秽语，特别是专横且带侮辱性的语言，这样的语言只会激起仇恨和报复的情绪。语言是一个人文明程度的表露，教师的语言修养是其为人师表的重要因素，会对学生的道德品质培养和审美修养产生极大影响。

在教育教学的过程中，教师应多使用商讨式的语言，变一味的"教师说学生听"或"教师命令学生做"为师生相互探讨、商量、讨论。商讨式的语言不仅不会影响到教师的权威，相反，会使学生感到教师很理解、很尊重他们。在教师良好的言传身教下，学生也会尊重教师或他人，继而不断营造相互尊重的环境，促进教学相长。因此，对于教师来说，言语中对学生的尊重是非常重要的问题。

（3）行为上的尊重

教师对学生的尊重观念和行为有时会存在不一致。尊重一时容易,时时尊重难;尊重优秀容易,尊重顽劣难。但真正懂得尊重的教师能使优秀者不骄不躁,又能使顽劣者不自卑自弃,从而让每个学生都向着最适合的方向发展。

教师尊重学生,在行为上的表现为:友善的态度、公平公正的行为、善良博爱之心、体贴入微的关怀、广博的学识等。例如,教师在课堂上,以亲切的目光扫视每一位学生,让每一位学生都感到教师在关注着自己,重视着自己的存在。批评和奖励学生时一碗水端平,不因人而异,不偏不倚,不区别对待。对学生一样亲近,一样喜欢,一样关怀爱护。用丰富的学识和高尚的道德修养,来为学生"传道、授业、解惑",在教育教学中让学生真正学有所得。

教师不尊重学生,在行为上通常表现为压制、不平等和不礼貌。有的教师在处理问题时为保护自己的尊严,得理不饶人,把学生剥得精光,让学生抬不起头来。有的教师看到某些学生成绩下滑或不如意时,讥讽挖苦,冷嘲热讽。有些教师对待不喜欢的学生漫不经心,敷衍行事。教师对学生的这些不尊重的行为往往会导致学生感到没有希望,感到自己不行,感到教师已放弃他们,因而破罐子破摔,从此断送了一生的前程。在学生犯错误时,教师应尽量采取暗示的方法,或找出学生进行个别谈话。尽量给学生留有面子,留有自尊,这样学生才不会感到被轻视。学生成绩不好时,教师应多些肯定与鼓励,让学生在困境中甚至绝望中看到希望。

（4）情绪上的尊重

教师也是普通的人,有七情六欲,食人间烟火,遇到问题不可能总是心平气和、泰然自若。但教师的不良情绪，特别是怒气，不仅使教师本人郁郁不乐，损害身心，在对待学生时也会挫伤学生自尊，伤害其心灵。

再调皮的学生都会有其可取的一面，在面对学生时不妨控制住否定的评价情绪，多在印象中搜寻该生的闪光点，用发展的观点、尊重的眼光来看待学生。用宽广的胸怀去包容，用积极的心态去面对，当教师积极地想方设法去解决问题时，就不会一味地愤怒了。

教师的情绪状态会直接影响学生。学生在轻松、愉快的情绪状态下学习，就会被激发起潜能和积极性，变得聪慧而活跃；反之，则会压抑其潜能和创造性，使其变得窒息而迟钝。因此教师要控制好自己的情绪，不把学生当作不良情绪的出气筒，不把负面情绪传递给学生。教师要尊重学生，以平和的心态教书，以平和的心态育人。

成长的过程中，作为一个独立的人，学生主体意识的发展非常重要。要发展学生的主体意识，首先要从尊重学生的选择开始，学生从中可以加强对自己的了解，学会对他人的尊重，能够对各种选择的利弊进行权衡，体会自主决策所应面对的压力，学会承担责任。教师要让学生在尊重中感受尊重，学会尊重。教师需要努力提高自己的尊重水平，由此赢得学生的尊重与爱戴。

教师只有尊重学生，才会促进学生形成积极的自我观念、独立的主体意识，才会养成健康的心理品质。没有尊重，就没有真正的教育。每个学生都有自己发展的起点、兴趣爱好、独特需求，只有尊重每一个学生，才能使每一个学生展现出巨大的潜能和复杂的差异性，这也才是科学的教育。

（三）热情

在师生沟通中，与共情和尊重相伴的还有热情。教师与学生的共情若伴以一张冷漠的面孔，就会让学生怀疑其真诚度；教师对学生的尊重若伴以冷漠的态度，就会让学生认为是疏离与客气。如果说共情是师生沟通的阳光，尊重是师生沟通的水分，那么热情就是师生沟通的空气，它为师生沟通营造了一种和谐温馨、敞开心扉的氛围。没有了热情，共情和尊重就成了镜花水月。那么什么是热情？教师又该如何提升自己的热情能力呢？

1.什么是热情

热情是指人们在参与活动或者对待他人时所表现出来的热烈、积极、主动、友好的情感或态度。教师的热情会感染学生的情绪，带给学生美妙的心境，让学生感到愉快和兴奋。

例如：

学生（略微不安地）：老师，这个黑板报您觉得怎么样？我其实……

教师（高兴地）：你看这色彩搭配的，淡黄、嫩绿、浅蓝多柔和；布局紧凑，又突出了重点！我觉得咱们班这次黑板报评比一定是全校最棒的……

此段对话中教师不再与学生共情——说出学生局促不安的感受，而是热情地回应学生，赞扬学生在黑板报上花的心思，如色彩搭配、版面布局等，从肯定学生的努力的角度去表达对学生付出的尊重，打消了学生的顾虑。此时，教师对学生的热情就优于共情与尊重。

2.热情的作用

哈佛大学心理学教授罗伊指出，热情是一种精神特质，代表一种积极的精神力量。研究表明，热情可以弥补一个人能力上

20%的缺陷;反之,一个人则只能发挥出自身能力的50%。对于教师而言,尤其如此。教师的影响力直接决定了教师的教学效果,课堂上一位热情洋溢的教师,会给学生带来课堂的生机和活力,渲染课堂气氛,携学生畅游于知识的海洋中。课堂下,一位对生活充满热爱和信赖的教师会用自己的热情感染每一个学生,带动每个学生对生活充满热爱和信赖,会把学生吸引到自己的身边、吸引到班集体里来。教师的热情所带来的亲和力,会让学生自然地认为教师真诚、积极、乐观,能够促进师生关系,扩大教师的影响力。

例如:

元旦联欢时,在玩草莓、苹果、蓝莓蹲的游戏时,班上的同学叽叽喳喳地很快分成了三组。开始玩游戏时,李老师发现了默默坐在角落的瑶瑶。

教师:瑶瑶,快过来! 咱们一起在蓝莓组。

瑶瑶:老师,我……不……想……玩……(瑶瑶迟疑地回答)

此时音乐响起来了,李老师热情地跑过去拉起坐在角落的瑶瑶,一起加入了蓝莓组。一开始瑶瑶有些难为情,有些局促。但随着游戏的进行,她的脸上渐渐地出现了笑容,咯咯的笑声飘出了教室。

3. 教师如何表达自己的热情

教师对学生的热情也需要恰当的表达方式。上例中,教师判断瑶瑶没有参与游戏的原因是她害怕失败,不敢参与,因而采取了热情而果断的做法,强拉着她参与游戏,帮助瑶瑶融入了活动中。但如果教师判断失误,比如瑶瑶是因为身体不适,或者是感受到被全班同学孤立而拒绝参与的话,可能教师拉也拉不过去。即使勉强参与,但教师的热情也只会招来瑶瑶的反感和怨恨。

一般而言,教师的热情可以通过一些体态语言来表达:清朗的笑容,热切的眼神,倾听时前倾的姿势,说话时适中的音调、温柔的语气、平缓的语速、流畅的言语,没有诸如"嗯""啊"这样的语气停顿,言语间表现出放松、认真而关切的态度,高度地留心和关切,保持眼神的交流。此外,教师的面部表情应该随学生的状态变化而有所变化,如直接点头表示鼓励,或者用手轻抚一下学生的头等。

例如:

解一元一次方程时,小张总是出错,不是去分母漏乘常数项了,就是去括号时乘法分配率用得不对,要不就是移项没变号。孩子沮丧万分地找到王老师。

小张:老师,我不是学数学的料,别人都学会了,只有我还那样——做一个错一个!(数学老师温和地看着小张,身体前倾。)

教师:这种感觉的确很令人沮丧。我和你一起看看那几个题目怎么样?

小张:嗯!

(教师耐心地和小张一道题目一道题目地看过来,发现小张会解方程,是思维跳跃性太大,才导致丢三落四的。)

教师:你试试慢点,不跳步做,每做完一个都检查一下。

小张:我一看别人都很快地交作业了,就着急,着急就出错。(教师用手轻抚一下小张的头。)

教师:做太快了我也会做错的!你先慢下来,想清楚了再下笔,算完后再验算,熟练以后再跳过验算的环节。

小张:这样,行吗?

教师:当然可以呀!咱们的分层作业中,你先把基础的做了就好,保证正确率后再做选做题目。

小张:嗯！那我试试慢慢做,我一定要做对!

教师:对,做数学题首先要对,然后才是做题速度。把会做的题目做对是训练准确、严谨思维的最佳方式。

小张:我这就去试试,每做一个题,我都验算,对了再做下一个。

(教师赞许地点头,同时也用眼神肯定小张的想法。)

教师:一开始就这么训练。解方程的题目,做完了自己是知道对错的。你就这样一步一步踏踏实实地做就是了,你一定可以的!

尊重是以礼待人,平等交流,富有理性的色彩。热情则充满了浓厚的感情色彩(感性的),能够拉近师生间的距离,使学生产生倾诉的勇气和愿望。如果教师对学生仅有尊重而没有热情,那么师生之间会显得有些公事公办,师生关系被简化为教学关系。热情的教师会给学生一种亲和力,有助于建立良好的师生关系,在师生的关系与沟通中,形成信任和积极的互动。

(四)教师的促进性回应

促进性回应具体而言就是准确、充分地反映学生的表面情绪,接纳学生作为独立个体的人的存在,通过恰当的非言语行为表现出对学生的关注和关心。促进性回应体现的是教师对学生的共情、尊重、热情三者的统一。

1.非促进性回应与促进性回应的对比

并非所有的回应都具有促进性。当教师在对学生做出回应时,当教师不与学生共情、不尊重学生、不断地批评责骂学生时,常会在学生心里激起逆反心理,师生间变得敌对。

例如,小明又一次因为没交作业被老师叫到了办公室。

其一,非促进性回应。

小明:老师好!

教师(责问):嗯,小明。你的数学作业怎么没交呢?

小明:呃……没做……

教师(质问):没做?!为什么没做?这个作业布置下去两天了,大家都交了,为什么就你没做?

小明:我……不会做……

教师(批评):这种题型我上课讲了好几遍了,大家都会做你怎么不会,上课干吗去了?!不好好听讲!

小明:(低头,沉默)……

教师(命令):快,拿下去补上,今天放学之前必须交给我!

非促进性回应中,老师在信息很少的情况下就质问和责备学生,虽然在问"为什么",但老师似乎并不真的关心原因。单纯的责备并不能解决问题,还会极大地损害师生关系。学生艰难地表达了完成作业有困难,这可能是他完不成作业的重要原因之一,学生说出这个原因可能是在期望得到老师的帮助。而老师的反应是断然拒绝提供这种帮助,仍然责怪甚至贬低学生。言外之意是"同学都会你不会,说明你要么太笨,不如其他同学,要么上课不听讲",总之,认为学生是不好的。老师不理解的态度和独断的非促进性的方式,导致学生不愿意也不敢说出自己心里的想法。到最后,完不成作业的原因没有弄清,解决问题的办法也没有找到,简单重复"必须完成作业"的命令很可能还是无效的,学生仍然完不成作业。

其二,促进性回应。

小明:老师好!

教师(温和地):嗯,小明。你的数学作业怎么没交呢?

小明:呃……没做……

教师(身体前倾,试图和学生进一步沟通):没做? 有什么困难吗?

小明:我……不会做……

教师:不会做啊,是都不会还是一部分不会? 题目太难了吗?

小明:做了一小部分,其他的上课的时候就没太听懂……

教师:哦,听懂部分的都完成也很不错哦! 那没听懂的部分,是不是老师讲得太快了?

小明:嗯,没听懂大概是因为我上课走神了,可是,就算认真听我也听不懂……

教师(进一步和学生沟通):就算认真听也听不懂,听起来好无助好无奈……为什么这么说?

小明:我自从上学期请了一个月病假之后,就觉得学的东西越来越难,经常跟不上老师讲的东西。我昨天为这份作业看书看到很晚,可我脑子就跟短路了一样,还是做不出来,我也不知道该怎么办……

教师:嗯,你其实为这个作业花费了很多的时间和精力,至少会做的部分你都完成了,剩下的可能对你来说太难了,你感到挫败和沮丧……你有没有想过别的能帮自己学懂课程的方法呢?

小明:我想今天放学后再去买两本辅导书看看……

教师(轻轻地点头):嗯,很好,这是个好方法。还有吗?

小明:……我想过找您或者其他同学帮我讲一讲,可是我怕你们嘲笑我。

教师(尊重学生的选择):老师绝不会因为你问问题而嘲笑你的,相反,老师觉得敢于承认自己"不会"并努力去弥补的行为,是非常勇敢和积极向上的。现在你愿意去把你的作业拿过来,不会的地方我们一起来讨论吗?

小明:好……

在促进性回应中,开始因为学生提供的信息很少,所以老师继续询问原因,目的只是为了解更多信息,没有弦外之音的质问和责备。接着进一步澄清、了解学生的困难在哪儿,回应学生的感受,在此基础上提问,来促进对求助者困难的了解。当学生说的越来越多,开始谈论自己真正的问题和困惑时,老师总结并反馈了学生的问题,肯定积极的地方,共情学生的感受。然后老师提问,促进学生思考其他解决问题的途径,鼓励学生继续探索,澄清学生的不合理观念,给予鼓励和热情温暖的支持。在此基础上,学生会体会到老师真诚、尊重、关心的态度,也更加愿意接受老师的建议,增加自己主动解决问题的信心和力量。

对比这两种回应方式,我们可以发现教师的促进性回应在师生间营造了一个轻松的氛围,给学生以安全感,让学生感到自己能够被理解,可以用任何方式无拘无束地表达自己的情绪。在这样的氛围里,师生间可以建立和发展彼此信任和关爱的良好关系。这是谈话深入下去的基础,更是教师发挥其影响力的关键。促进性回应有助于明确教师的角色,教师可以知道做什么是有效的,做什么是无用的,从而避免那些不恰当或不成熟的行为,如评判、责备、反对、控制、奚落和轻视。促进性回应还有助于学生认清自己,它像一面镜子将学生真实的情绪、情感,甚至隐藏的自我,完整、清晰地反馈给学生,有助于学生的成长。

2.促进性回应的敲门砖——恰当提问

在促进性回应中,为了准确、充分地反映学生的表面情绪,教师不仅需要仔细地积极聆听学生,有时还需要使用"不知我是否了解你的话,你的意思是……"或者"你觉得他这么做太过分了,让你很受伤……"之类的语言,但更多的是使用恰当的提问来得到更多的信息,以便更好地共情。

(1)什么是恰当的提问

恰当的提问一方面指所提的问题具有开放性,能够叩开学生心扉,打开学生的话匣子,另一方面是指提问时机要恰到好处。

如以下这些提问方式:

你试过哪些方法?

对这件事定已经考虑很久了吧?:

如果你试试_____,你预计会出现什么情况?

在其他什么样的情况下,你也会感觉到(伤心、生气)?

要不然我们来做一些你试过但是没有效果的事情?

你考虑过什么(多少)选择?

李中莹先生曾说过"任何一个问题都有至少三种以上的解决办法",同样打开学生心扉的话题也有很多种。恰当的提问通常需要在一个非常宽松的时间,在很放松的环境下,教师以开放性的问题对学生进行提问。

当教师以共情、尊重、热情温暖的方式,向学生传达"我在努力理解你的处境和感受""我愿意和你共同讨论解决方法""我非常关心你的处境"这些信息时,学生自然而然地就会愿意和老师交流更多的信息,由内而外地滋生出力量,满足成长需要。

(2)恰当运用提问的作用

①获得准确的资料或客观的信息

例如,分完学习小组两周后,学生找到老师。

学生:老师,我妈妈希望我也能像小龙一样和您一组。

教师:你妈妈知道咱们分小组的事儿? 你和妈妈无话不谈啊?

学生:是啊! 我和妈妈说了周冠军组可以免交作业一次,月冠军组可以自由选择寒假作业呢！我也说别的,妈妈通常会问我很多,妈妈问什么我就说什么,我们什么都说的。

教师:包括你的朋友、你的心情?

学生:嗯！长这么大,我什么事儿都会问妈妈,都会和她说。无论什么事情,我妈妈都会告诉我怎么做。

教师:你和老师一组,意味着小龙、你还有我咱们三个人一组。可能你俩合作会更多一些,想过和小龙怎么合作吗?

学生:没有,其实我不太想和小龙一个组的。但是我妈妈说和老师一组好。

教师:孩子,相信自己的感觉,自己做一次决定,也许那样更适合你。

学生:我担心……我试试看吧。

②澄清事实

当学生很茫然或者想逃避问题的时候,一个恰到好处的问题可能对澄清事实非常有帮助。例如,一名学生在描述一种情绪感受时感到非常困难,教师可以提出自己认为合适的理解来询问学生,以检验自己对学生问题的假设是否正确。

学生:老师,我觉得学习成绩好不好没关系。

教师:哦,说说看。

学生:爱因斯坦的三只小板凳,达·芬奇的蛋,这些名人读书的时候成绩都是很差的。

数学老师:你觉得现在成绩好不好都不会影响将来的生活和成就?

学生:是啊,你看我虽然一元一次方程学不会,可朗诵全班没有人比我朗诵得好。

教师:的确,每个人都有自己的长处和不足。

学生:我最大的愿望是博览群书,或者像叶圣陶先生一样数学虽然考零蛋,但语文能考一百分儿。

教师:你希望自己考个好分数?

学生:是呀! 谁不希望自己考个高分,得意扬扬地告诉家长呀? 可就是学不会,有什么办法?

教师:如果需要,老师和同学都可以帮你。

学生:谁会帮我呀? 我总担心他们瞧不起我,就故意说他们的坏话!

教师:你担心同学不愿意帮你?

学生:我想不会有人愿意帮助我的,他们不喜欢我。

教师:你试着友好地对待一个你觉得不喜欢你的人,看看他的反应,也许感觉会不一样呢?

学生:真的? 那我去试试。

(教师鼓励地点头。)

教师:老师也愿意帮你,你随时都可以找我。

③准确定位

在有些情况下,教师需要从学生那里得到一些特别具体的信息。比如说,当教师遇到突发事件时,必须十分明确当时的处境。在这种情况下,直接的提问通常是获得具体反馈信息的最好办法。对于明确问题所在、描述行动计划或者问题解决的步骤来说,具体明晰是特别重要的。

例如:课间两位同学闹着玩,一不留神,一位同学杵到手指头了,结果他的小指关节瞬间肿大……

教师:你的手指头能动一下吗? 试着弯一下。

学生:老师,疼,不能动。

教师:你爸妈上班谁离学校近一些?

学生:我妈!开车十多分钟就到。

教师:那咱们先联系家长送你去医院,再处理这件事儿怎么样?

学生:老师,也不赖那位同学,是我跟他一起闹着玩的。

教师:先去医院吧……

教师在提问过程中,要尽可能地采用开放性的问题,以便促进学生主动性的发挥;合理把握提问的时机和方式,引导学生自己解决问题。教师要积极鼓励学生的参与和自我探究,最大限度地发挥学生的自主性,促进学生成长,在和学生的思想共舞中教学相长。

（五）积极倾听

如前所述,理解学生,能够与学生共情,一个重要的技巧就是积极倾听。同时,积极倾听还是一种有效回应学生的好方式。

1.什么是积极的倾听

倾听是指"用尽力量去听",毕淑敏女士在《让我们倾听》一文中提到自己对"倾听"里的"倾"字的理解,类乎倾巢出动、倾箱倒箧、倾国倾城、倾盆大雨……总之殚精竭虑。我国的传统文化也将听分成了三等,上等听是入神地听,中等听是用心地听,下等听是马马虎虎地听。我们这里所讨论的"倾听"是指入神的上等听,是指教师全身心地体会学生所传达的信息。

积极倾听是教师根据自身的经验从学生的言语、情绪中敏锐地了解学生的观察、感受、需要和请求,并给予积极回应的一种倾听。积极倾听,也还指教师用心地体验学生的整体感受,对学生的过去、现在及可以展望的未来的接纳,对学生的对错、优劣的包容。教师不带投射心理的积极倾听,能够帮助学生宣泄负面情绪,远离恐惧和愤怒,教师的积极倾听能使得学生回归积极、快乐、勇于探索和热爱学习的天性。教师的积极倾听还可以沟通师生间的情感,消除师生间的隔阂,起到化解矛盾的作用,促进师生间形成积极的人际关系。这样教师在传道、授业、解惑时才更加高效。

2. 如何积极倾听

那么教师怎样进行积极倾听呢?

（1）热情

教师要微笑着面对说话的学生,不论对方的噪音是高还是低,吐字清晰还是含混,表达的观点是什么,都要积极地去倾听,而不是皱起眉头,在心里抱怨:天哪,他在说什么? 教师要全神贯注地倾听学生所说的每一句话,始终用目光注视对方。不要在学生说话的时候做别的事,如玩微信、整理桌面、批改作业……人人都希望自己讲话能引起别人的注意,否则讲话还有什么兴趣,还有什么用呢?

教师要避免走神。在倾听时,日常生活中还在处理的事会涌入脑海:孩子的作业写完了没有? 晚上吃什么呀? 下一步如何处理? 今天张老师是不是对我有意见呀? 如此等等,把这些干扰你听学生说话的想法放下,活在当下,静静地听学生说自己的苦恼与喜乐,听学生说自己学习中的不解与收获。

（2）使用并观察肢体语言

教师在和学生谈话时候,即使还没开口,教师内心的感觉就已经透过肢体语言清清楚楚地表现出来了。一方面,如果教师态度冷淡,学生很自然地就会特别在意自己的一举一动,拘谨的学生唯恐自己措辞不当,因而不能敞开心胸。另一方面,如果教师的态度开放,表现出很感兴趣,那就表示他愿意接纳学生,很想了解学生的想法,学生就会受到鼓舞。而这些肢体语言包括:自然的微笑,不要交叉双臂,手不要放在脸上,身体稍微前倾,常常看学生的眼睛,轻轻地点头等。例如,赞成学生说话时,可以轻轻点一下头;对学生所说的话感兴趣时,展露一下笑容;用"嗯""哦"等表示自己确实在听并鼓励学生说下去,等等。

同时,教师还要以体态语言,如口头语、表情、手势等,向学生表达自己对学生的了解程度,或是要求学生解释澄清一下问题。教师也要注意学生的面部表情、眼神和体态,以便对学生的感情、态度进行推断。

(3)非必要时,不要打断学生的话

当打断学生的思路时,学生会觉得教师不尊重自己。当学生的感受、情绪没有得到宣泄,意思没有表达完整时,他们会担心教师产生误会。

善于听学生说话的教师不会因为自己想强调一些细枝末节,想修正学生话中一些无关紧要的部分,想突然转变话题,或者想说完一句刚刚没说完的话,就随便打断学生的话。经常打断学生说话,就表示教师不善于听学生说话,武断霸道,否定学生的感受或以自己的感受代替。

但当学生想得到教师的反馈时,教师要适时提出许多切中要点的问题或发表一些意见感想,来回应学生的说法;或者在倾听过程中,教师如果有所遗漏或者是不明白,要在学生的话暂时告一段落时,提出自己的疑惑之处。

(4)重复学生所说的话

教师在倾听过程中,针对学生诉说的重点可以重复一下"你是说……"或者换种方式说出来。一方面可以让学生知道教师一直在听他说话,而且也听懂了他所说的话;另一方面帮助学生澄清他的感受、情绪。例如,可以说:"你说在海边看过日落?我想那里的夕阳一定很美。""你说圆怎么对折都会重合,我想你在脑海中一定对折过很多次,每对折一次就会出现一条对称轴,圆有多少条对称轴呀?"教师如果能够从学生的语言中听出解决问题的办法,并且重复一下的话,学生就会为自己找到的解决办法兴奋不已。这样学生的自主需求就得到了满足,主动性得到了发挥,学生才能实现真正的成长。

(5)整理出重点,并提出自己的想法

当教师和学生交谈时,教师通常需要几秒钟的时间,在心里回顾一下学生的话,整理出其中的重点所在。教师要把注意力集中在学生想说的重点和想法上,并且在心中熟记这些重点和想法。

回顾并整理出重点,也可以帮助教师继续提出问题。如果教师能指出学生有些地方话只说到一半或者语焉不详,学生就会感知到,教师一直都在听自己讲话,教师一直都在很努力地想完全了解自己的话。如果教师不太确定学生比较重视哪些想法,就可以利用提问的方式,来让学生知道教师对谈话的内容有所注意。

(6)接受学生的观点

如果教师无法接受学生的观点,那教师可能会错过很多与学生沟通的机会,而且无法和学生建立融洽的关系。就算是学生的看法与感受,甚至所得到的结论都和教师的价值观不同,教师也要尊重他们,理解他们,允许学生坚持自己的看法、结论和感受,尊重学生的观点,这可以让学生了解到教师一直在听,而且教师也听懂了自己所说的话。也许教师不一定同意他的观点,但教师还是很尊重他的想法。除此之外,接受学生的观点,能够帮助学生建立自信,使学生更能够接受别人不同的意见。

不要表示出或坚持明显与学生不合的意见,因为学生希望听的人"听"他说话,或希望听的人能设身处地地为他着想,而不是给他提意见,此时,教师可以配合对方,提出教师的意见。例如,当学生说完话时,教师可以重复他说话的某个部分或某个观点,如"正如你指出的意见一样,我认为……""我完全赞成你的看法"等。这样不仅证明教师在听他所讲的话,而且还在澄清自己接收到的观点。

(7)做一个主动的倾听者

积极倾听不是被动地接受,而是一种主动行为。当教师感觉到学生正在不着边际地说话时,可以用机智的提问来把话题引回到主题上来。教师不是机械地"竖起耳朵",在听的过程中脑子要转,不但要听出学生的故事、思想内涵,还要听出学生的情感,在适当的时机提问、解释,使得谈话能够步步深入下去。此时,往往可以从几个方面进行。

①澄清问题,掌握更多信息

在倾听过程中捕捉到一些有用信息时,为了更多地了解有用的细节,应当在学生讲完后,请学生有针对性地多介绍一些情况:"你能再多谈谈有关这方面的情况吗?""你刚才提到的那个是指……"

在适当的时候问适当的问题十分重要。当学生描述了出现的问题后,教师想知道先前的情况,可以说"你能说一下在这个问题发生前你采取了哪些步骤吗",而不应该说"你到底做了些什么才导致这个问题发生"。

②确认理解一致以避免误解

通常教师在倾听的过程中会就学生表达中不清楚的部分请求解释,以此来避免沟通过程中的误解。用提炼过的语言概括复述一些要点以求双方的了解是一致的。我们通常会用到下面的表达：

"那么,如果我没有理解错的话,你刚才谈的是……对吗?"

"刚才听你说……是吗?"

"看看我是否理解得对,你刚才提到的是……对吗?"

③体贴与认同

倾听的过程中,积极地认同并对学生的回答表示感谢,都会让学生感到被尊重,而使整个教学过程更顺利。例如,我们会这样去认同：

"这很有意思!"

"我了解。"

"我知道了。"

"这真是个好主意!"

"我非常理解你现在的感受。"

千万不要学生说了半天,你才来一句"是这样吗"或"这不可能吧"。

④注意学生如何表达

学生在回答问题时,会保持一段时间的沉默。这可能意味着他跟不上教师的思维速度,也有可能是有不同看法又不知道要不要说。教师在沟通中千万不要随心所欲,我行我素。在某些时候,不发问也是倾听的一个技巧。

(8)提出问题和适时引入新话题

借助所提出的问题,教师要让学生知道,教师是仔细地在听他说话。而且通过提问,可使谈话更深入地进行下去。例如,"造成这种现象的原因是什么呢?""他为什么要这样做?""你是怎样想的呢?"

学生喜欢教师从头到尾认真地听自己说话,更喜欢教师引出

新的话题,以便能借机展示自己的价值。教师可以试着在学生说话时,适时地加一句"你能不能再谈谈对某个问题的意见呢"。

(9)要听出言外之意

一个聪明的教师,不能仅仅满足了表层的听和理解,还要从学生的言语中听出话中之话,从其语情语势、身体的动作中演绎出隐含的信息,把握学生的真实意图。只有这样,才能做到真正的交流、沟通。

倾听并不像一般想象得那么简单。如同演说和写作,倾听通常需要付出艰苦的努力。倾听能力对很多人来说并非与生俱来,教师需要通过不断实践与培训来加以提高。

倾听学生表面上看起来很小的烦恼,常常会给学生足够的安全感,会诱发学生宣泄沉重的负面情绪。在主动的倾听过程中,教师可以了解到学生的观察、感受、需要和请求,并给予持续的关注。教师要努力地在学生的倾诉中看到学生乌云背后的阳光,给学生以自然成长的力量,无条件地接纳学生的感受。教师要不断地提高自己的倾听水平,只有这样,教师才具有穿越学生的负面情绪,看到学生观察、感受、需要和请求的能力,才会真正地给予学生最需要的安全感。

(六)我向信息

当学生们彼此之间意见或想法不一致的时候,教师可以给学生建议,但是尽可能地不要帮学生做决定,或是命令学生去执行你的指令,要把这些过程与环节最大限度地留给学生自己。教师这样做,也是在传递对学生的尊重,同时也是在提醒学生该对别人有更多的包容与接纳。要让学生理解,他虽然有这样的想法,但是别人也可以有不同的想法。教师要教导学生不要认为将自己的想法强加于他人就是胜利,要能包容其他人不同的想法和意见,让不同的声音丰富我们的生活。

1. 你向信息

沟通按照主语的特点可以分为"你向信息"和"我向信息"。前者是我命令你,你必须如何,树立行为限制,如:

"你必须在上午 7:10 之前来学校上自习——这是我们班级的班规。"

"我命令你不许抽烟。"

"你怎么还不拿出书本,都上课了,不想学就出去。"

"我们禁止你和那个女孩交往。"

"我不允许你留这样的发型。"

"你怎么还不去擦窗户,提醒你多少次了!"

"告诉你多少次了? 不要把课外书丢在后面!"

"闭嘴! 难道你没看见我在班级说话吗? 你这学生实在太不懂事了!"

我们可以看出,以上的沟通方式是我们所熟悉的"送出解决方案"。你向信息的特点是语言形式上以"你"字为开头;内容上矛头指向学生,要求学生改变自己的行为。当学生被强迫改变自己的行为时,会产生本能性的抗拒,导致冲突。因为学生只是需要从教师那里获得一些信息,以了解教师对他们行为的看法,这样他们就能改变那些可能会令教师无法接受的行为。然而,学生绝不希望教师通过使用威胁、强制等方式,限制或改变他们的行为。

你向信息通常在批评与指责中使用:

(1)批评、指责

"你做事从来不用大脑。"

"你真是一只懒猪。"

"你是我见过最自私的学生。"

"你是笨蛋吗？否则怎么会听不懂我的话。"

"你的想法太不成熟。"

(2)嘲笑、羞辱

"你是个被宠坏的学生。"

"你就是另一个爱因斯坦。"

"你以为你是谁啊？"

"你好丢脸喔！考这么差的成绩。"

(3)分析、诊断

"你只是想引起别人的注意罢了。"

"你不过是想报复罢了。"

"你是故意惹我生气的。"

"你是跟屁虫,我走到哪儿就跟到哪儿。"

(4)教诲、训诫

"好学生不会这样做。"

"你不准这么做!"

"你应该更懂事!"

"你照我的话去做。"

"你的行为真幼稚。"

"你最好安静,否则……"

"如果我也这样对你,你会有什么感觉?"

教师在与学生进行沟通时不断使用贬损学生的信息,通常不会达到令人满意的效果,因为贬损信息对学生的自我价值评估将造成不良的影响。学生会感到自卑、不安、抗拒、防卫、抵触、自尊心受损、恐惧、屈从、敌对、怨恨、恼怒、顶撞等。正如美国著名的心理学专家罗森塔尔所说:"一个人经常被看成什么样,经常被说成什么样,经常被这样对待,在不久的将来就会变成现实。"

2. 我向信息在师生沟通中的运用

当学生的某些行为不当时,教师如果不想使用责骂或警告的方式,那该怎么办呢? 我们可以尝试用另一种方式——我向信息——来表达。我向信息可以真实一致地表达自己的感觉与经验,不包括对他人的评价。我向信息通常只表达自己的现状及需要。

在教师和学生之间没有严重冲突和问题时,使用我向信息可以让学生理解和同情教师的情绪感受。

在师生沟通过程中采用我向的信息,可以让学生了解教师的心情、感觉,学生会自动改变,以帮助教师调节情绪。我向信息没有伤害性,常常使用我向信息,可以激发学生的(或者说升起、让他拥有)良知。

例如:

"你们上自习说活的声音很大,我的心情很烦躁。我正在给学生讲题,都听不清楚。"

"当你们把颜料混在一起洒遍了水槽和桌子的时候,我得擦洗干净,要不然管理员就会对我嚷嚷,我得跟在你们后头收拾,真觉得烦。我确实不知道该怎样防止这类事情发生。"

"我认为,学习、作业是你自己的事。"

"我需要你帮忙。"

"你把水洒在地上,我非常生气。我又要花时间清洗它,这让我觉得很疲倦。"

"我希望你修改一下文章中的语法错误。"

"我看不清你写的字。"

通过运用我向信息,教师还可以在教育教学过程中使学生听出自己给教师制造的问题是什么,要让学生知道,给教师制造问题的是发生于某一定时间的一定行为。

例如:

"当我发现纸张被满地丢时……"

"当我看到你的作业是空白时……"

"当你把小强推倒在操场上时……"

"当我发现我无法信任这里某些讨厌的人时……"

"当你们彼此不尊重时……"

"当你们的行为像暴徒时……"

有一位小学的代课教师,就是用"我向信息"解决了班上令人头痛的暴力事件。那位代课教师代理四年级某班两个月的课程,刚开始时,班上的男生常有推挤、打架等肢体动作的纠纷。教师曾经因为充满无力感而泪洒教室,直到运用我向信息才化解了这种令人头疼的行为。

那天,教师对着三个打成一团的学生说:"我对你们真是失望透了,我全心全意来爱你们,来教育你们,然而你们却一而再,再而三地伤害我,让我在开会时丢尽了脸面。现在你们又把擦窗户的拖把拿来当攻击同学的工具,我真是难过透顶,已经无力再教你们了。"

然而,在当天下午,那三个经常闹事的学生,居然到办公室找老师,说:"老师,对不起!我们不知道自己这种行为让你这么难过,请你原谅我们,再留下来教我们吧!我们三个人已经决定化敌为友,就算以后意见不合,也要努力忍耐,绝不动手。"

后来,老师和那三个同学搂在一起,彼此因为冲突的化解和互信互谅而破涕为笑。这也让这群学生与老师的心更紧密地贴在一起,发展成一个共同体。

　　有时,教师们往往低估了学生也会替他人着想的能力。在运用我向信息时,教师对于学生的行为,完全没有责备和羞辱的意味,他们只针对学生的行为对自己所造成的感受和困扰来加以描述,没有丝毫的人身攻击。这样的情境,由于不会对学生的人格造成伤害,学生自然会卸下防御的面具,愿意去聆听老师的感受。学生向来凭感觉来处理问题,他们往往忽略了自己的行为是否会对别人造成伤害和难堪,他们常常为了追求自己的目标而忽略了自己的行为可能带来的冲击力。但是,老师有责任也有义务告诉学生真相,他们会在这种互动的过程中,学习和培养设身处地为他人着想的能力。

　　以下几个实例,是教师运用我向信息而获得良好成效的对话。

　　情境一:课间时间老师在打电话,学生不断地来问问题。

　　"我完全听不清楚电话那边在说什么。如果你有问题的话,先让我把电话接完再给你讲题,好吗?"

　　情境二:小宏答应老师上课要遵守纪律,认真听讲,然而她却一再食言,中午还不断地要求老师给她讲题。

　　"我不会为你讲任何题的,因为你答应我上课要守纪律,认真听讲。但你没有做到,这让我有一种被欺骗的感觉,除非你为自己的承诺负责任。"

　　情境三:美术课上,小东把教室的地搞得一团糟。

　　"小东,我发现颜料沾在地板上了。"

　　这些信息诉说着教师的需求,没有兴师问罪或命令学生的意思,更没有指责学生不乖、懒散、愚笨或羞辱学生的意思。学生因此更愿意表现出负责任的行为,更可能改正错误的行为。

　　教师在不断地运用我向信息的过程中还会发现,自己的情绪、感受并不会受学生行为的影响。教师可以调控自己的情绪，自己的情绪由自己做主。我们渐渐地会成为自己情绪的主人，学生以前看似不可接受的行为，慢慢地变得可以接受了。也就是说，当教师改变的时候，学生也就改变了，师生关系开始进入和谐的状态。

第二讲　师生沟通中常见的心理问题

虽然成功的教育取决于多项因素，但其中一个最重要的因素是教师与学生之间的沟通质量，其次是教师和家长之间的沟通质量。因为教育对学生发生效能是通过师生之间的人际关系的有效程度来决定的。教师首先要有能力与学生建立良好的人际关系，并且，教师要有这样的一种意识：学校里所设计的所有工作，都是在这种师生关系中进行的。师生之间关系的好坏是教育成功的关键。作为一名教师，在教育教学实践中，大家一定遇到不少困惑，不知道如何和同事沟通，和学生沟通，和家长沟通。在本书中，笔者将和大家一起探讨与学生、与家长、与同事进行有效沟通的艺术。

一、师生沟通中教师的不良心态与情绪

亲切、热情、善解人意、为人友善的亲和性，富有责任心、公平、严谨有序的掌控感，富有激情、想象力和创造力……这些积极的人格特征有助于教师和学生建立良好的师生关系，进行有效的教育教学。然而教师不是集这些优点于一身的完人，教师和所有人一样，是普普通通的人，有着普通人的七情六欲。在和学生的交往过程中，总有那么一些时刻，教师会被自己的负面情绪所控

制,对学生过于急躁。也总有那么一个时刻,教师会被自己的不良心态左右,对学生不够公平。在师生沟通中,教师常见的不良心态和情绪有缺少平等心、专制、过于追求完美、急躁等。下面我们将逐一进行讨论。

(一)缺少平等心

平等心是指教师能够公平公正地对待每一个学生,即没有分别心。然而在教育教学中,教师常常遇到一些不同的情形:例如,教师说一遍有的学生就听到了,并且照做;有些学生需要教师说三遍才去做;还有一些学生任凭教师说多少遍,都不去做。日复一日地积累下来,教师很难做到无分别心。新生报到的那一刻,张三、李四在教师心中都是一样的,可张三学习踏实认真,遵规守纪,李四从不完成作业,常常扰乱课堂纪律。渐渐地,教师就有了分别心,缺少了平等心。

少了平等心的教师,在和学生的沟通中就会有不同的倾向性。例如:小马和小林两人在跑步时,都不好好跑,在队伍外面快步走,但小林平素学习认真,遵规守纪,积极上进;小马却常常不完成作业,课上走神,课下打闹。此时教师可能大声呵斥小马:"作业作业你写不完,上课上课你走神,现在连课间操跑步你都偷懒,还能干什么呀?"对小林则可能会担心地询问:"你怎么啦? 是不是病了?"这种不公平的做法一方面会激起小马的怨恨,违背了教育以爱育爱的初衷,另一方面会使班上其他同学觉得教师不公平,对师生关系具有破坏性影响。

此外,没有平等心的教师在对待学生的行为时就有了不同的尺度。同样一个行为,发生在张三身上教师可以接受,发生在李四身上教师就不能接受的例子比比皆是。例如,一个市重点中学的高一学生学习成绩总是遥遥领先,是老师、同学、家长眼里公认的好学生。某天该生突然旷课,班主任问他原因时,他的回答居然是:"就想看看班主任拿我旷课怎么办?会不会也给个处分?"他给教师出了一道难题,挑战教师的公平性。这就是学生,学生只希望教师公平公正,希望教师没有分别心。

教师在和学生沟通的过程中,一定要尽可能地公平,用颗平等心温暖学生的心。否则就会造成学生和老师的疏离,破坏师生关系。

（二）专制

教育界倡导给学生呼吸的空间、成长的自由、独立的机会很多年了,呼吁以学生为本、以学定教也已经有很多年了。然而在师道尊严不容侵犯的教育环境下成长起来的教师群体,常常不自觉地受传统文化的影响,使现在的学生即使到了中学阶段依然摆脱不了教师专制的影子。这表现为学习上过度依赖教师,消极被动,行为盲从。

在一次元旦联欢活动中,全校师生欢聚一堂。在招募抢凳子游戏的志愿者（每班一名）时,笔者看到了这样的一幕:有的班问老师"派谁上去玩";还有一个班的一名学生半站着,全班同学都看向班主任老师,等着老师点头……

在师生沟通中,像"老师,我能…吗?""我可以…吗?"的对话不绝于耳,小到课堂学生上厕所"老师,上个厕所行吗"或迟到学生的"报告",大到某个学生违纪请家长都是教师说了算。最典型的是,教室里学生的座位鲜有不是教师安排好的,不经教师同意,学生不得私自调换座位。可笔者认为,这样的规定有必要修改了。

尊重学生就是要尊重学生的感受,就是教师不专制、不独裁,不以自己的感受体验替代学生的感受体验,不把自己的价值观强加给学生。不管教师多么坚定地认为自己的观点是对的,都不可以把自己的观点强加给学生。否则只会激化师生矛盾,破坏师生关系。

正如美国作家托马斯·戈登在其《教师效能训练手册》一书中提到的,师生沟通中教师的专制心态会让学生感觉自己的感受、需求或问题并不重要,自己必须顺从教师的感受和需要,让学生产生对教师权力的恐惧。这些容易导致学生的怨恨、恼怒,引起学生的敌对情感——顶撞、抗拒,故意考验教师的决心乃至于大发脾气。

(三)完美主义的观念

教师也是普通人,有其自身的局限性,不可能把所有的事情都做得完美无缺。然而,人们下意识地认为,教师要成为行为的典范、学问的导师、人生的引路人、道德的楷模、情绪控制的高手。

托马斯·戈登曾在大量的研究基础上得出了多数人眼中神话般的好教师应该具备的八条标准,我国学者屠荣生、唐思群在《师生沟通的艺术》一书中又将其扩展为十条。

第一条,好教师应该是沉着而不容易激动的,经常保持稳定的心情,永远不失"冷静",不流露强烈的情绪。

第二条,好教师不要偏倚,要对学生没有成见,一视同仁。

第三条,好教师能够也应该对学生掩饰自己真实的感情。

第四条,好教师对所有学生接纳的程度都一样,心目中绝无宠儿。

第五条,好教师应该常常超时工作,为公忘私。

第六条,好教师对学生应该怀有无条件的慈爱心肠,对学生的要求有求必应。

第七条,好教师能够帮助学生激发学习兴趣,营造一种既安静又有次序的学习环境。

第八条,好教师要有高度的智慧,他们的智慧远远高于所有学生,知道所有问题的答案。

第九条,好教师互相支持,在个人感情、价值观、行为评估等方面,他们能对学生表现一致。

第十条,好教师是完美的化身,永远不犯错。

这些品质把教师推到了神的高度,使教师不堪重负。教师一定要把课讲好,要在课堂上能让学生的眼神发亮;要与时俱进,信息跟学生同步,要能听得懂学生的语言,如"神马""萌萌哒";要知道班上一女生的"老公"其实是她的姓"宫"的闺蜜;要使望子成龙的家长满意;要保证学校的升学率。重重压力之下,教师对自己、对学生的要求都是没有最好,只有更好,要求不同资质的学生们都要在相同的时间内达到相同的高度。这样高压环境和完美主义观念下的师生关系,不紧张也难。教师应该虚怀若谷、海纳百川,有则改之、无则加勉。教师不可以一意孤行、固执己见、我行我素,把偏执当个性,一味地追求完美。

(四)急躁

当今中国的教育是比较急功近利的教育。教师在升学率、优秀率、及格率、低分率这四率的压力下,大多数选择了教书本,教教材。被淹没在文山会海中的教师,说话、走路都很快,他们没有时间慢也不敢慢,渐渐地忘记了曾经在自己心底驻扎过的耐心。

笔者的一位学生在班会课上言语犀利地问:"老师,为什么每次看见您,您都那么匆忙呢?我跟你说话都怕打扰到您呢!"笔者哑然。下课后,反思和学生沟通的场景,果然大多简单粗暴,给学生讲题的场景也是一个字——"急"。凡事说一遍是平静而温和的,说第二遍时态度也还好,一旦再有第三个人问起,就会不耐烦地说:"我都说了那么多遍了,你怎么还问?"学生唯唯诺诺地走开了,不明白的事情大概仍是不明白吧。教师的急躁使得原本跟教师亲近的学生无所适从,让观望的学生躲得更远,让犯了错的学生心生恐惧,师生关系被简化成要求和被要求、命令和服从的关系。学生活泼的天性、生命的张力、飞扬的激情、灵动的思想都在这种急躁中受到了压制。

宋代理学家朱熹谈到如何读书时,曾这么写:"凡读书,须整顿几案,令洁净端正,将书册齐整顿放,正身体,对书册,详缓看字,仔细分明读之。须要读得字字响亮,不可误字,不可少一字,不可多一字,不可倒一字,不可牵强暗记,只是要多诵遍数,自然上口,久远不忘。"教育和读书一样都是需要时间的,都需要慢下来。教师需要慢下来,听听学生在说什么,看看学生在干什么,和学生一起说说心里话,一起玩个游戏……钱理群先生在为《生命化教育的责任与梦想》一书作序时也说道:"教育是一个'慢活''细活',是生命潜移默化的过程,所谓'润物细无声',教育的变化是极其缓慢、细微的,它需要生命的沉潜,需要'深耕细作式的关注与规范'。"

教育是最为诚实质朴的事业,这样的事业是需要一种宁静的心态和朴素的姿态的,慢下来,就会更优雅。

二、师生沟通中教师的不良习惯

人们在日常生活中,总会有自己的沟通与说话风格。不同人格特征的人说话的风格也不尽相同,比如对于半杯水的表述,乐观的人看到的是杯子里的半杯水,悲观的人看到的杯子有一半是空的。然而无论如何,有些沟通的习惯是有害的。

（一）唠叨

教师的唠叨一般有两种，一种是发生在课堂教学中，一种发生在课下与学生交谈中。发生在课堂教学中的唠叨通常是教师对自己的教学内容准备得不够充分，不够自信，以己之心度学生之腹，是担心学生没听懂的唠叨。发生在课下与学生交谈时的唠叨则通常是对学生的行为不满的一种表现，教师唠叨的背后是他们未被满足的需求：学生没有按照老师的要求做或者做得不尽如人意。此处主要讨论课下教师的唠叨行为的起因、可能导致的结果，以及教师如何减少唠叨。

导致课下教师唠叨的原因，表面上通常是一个不当行为在同一个学生身上反复出现，实际上是教师没有找到应对学生顽劣行为的最佳方式，是教师的无奈与无力的一种体现。其结果是教师苦口婆心地唠叨，学生左耳朵进右耳朵出，一切都是徒劳。为此教师需要明白一个事实，那就是我们不能奢望面对相同的问题时，用相同的方法得到不同的结果。要想改变学生的行为，首先得改变自己的应对方式。教师应从行动入手，而不仅仅是语言。

例如，初一某班同学甲总是欺负同学乙，不是把乙的笔袋藏起来了，就是把乙的书在教室里扔来扔去，有时还从乙那儿抢吃的。开始的时候，每次同学反映甲欺负了乙时，班主任都会把甲、乙两人叫过来，耐心地问原因、经过、结果。甲的态度总是很好，说自己是在闹着玩，不是欺负人。乙认为甲欺负了自己，但不想给老师添麻烦，就没找老师。班主任总是苦口婆心地教育，教导甲如何跟同学交往，要团结友爱，要学会如何跟人打交道而不是打闹欺负人。三番五次下来，甲每次都信誓旦旦地要改错，但行为上没有丝毫变化。面对这种现状，这位班主任想出了一招，假戏真做，让班上一位比甲还高大威猛的同学模仿甲对待乙的方式对待他,一次、两次、三次……当甲愤愤不平地找班主任控诉时,班主任就说"乙也是这种感觉啊"。自此,甲再不像以前那样对待乙了。

（二）翻旧账

学生在成长过程中难免犯错,就像孩子在学走路时难免会摔跤一样。孩子摔倒了,爬起来继续走,只要没有摔坏,就很少有家长记得孩子摔的那一跤。然而作为教师,却常常不会把学生犯的错轻易忘记。即使不用笔写下来,当学生再次犯错时,教师通常会搬出某年某月的某一天该生犯的同样的错,并质问学生当初怎么承诺的,现在怎么又犯了。还有教师会因某学生上课接了一句话,引发出这名学生之前的种种不是,在课堂上花大把的时间批评该生,使得有效教学时间缩短。教师的这种行为,一方面会让学生觉得老师记仇,心胸过于狭窄;另一方面,由于老师不是就事论事,学生会觉得老师否认自己的进步和成长,极易破罐子破摔,严重地破坏了师生关系。再者,许多事情搅和在一起,混淆了学生的视听,即使对有心改错的学生来说也会觉得无所适从。因此教师在和学生沟通过程中,不宜翻旧账,要更多地记住美好的事情。学生是在错误中长大的,教师不能使劲儿揪着学生的错不放。

（三）讽刺

有这么一个故事:一个高二学生因早恋,被班主任当着全班同学的面严厉地责骂:"就你这样,能考上大学的话,我跟你的姓!"学生的自尊心被老师狠狠地踩到了脚下,心被老师的瞧不起狠狠地揪着,于是发誓一定要考上大学。后来他真的考上了一本,但他仍然恨班主任曾在全班同学面前骂他,即使是同学聚会,也很少参加。当年的班主任说自己只是激将法,不愿意看见那么聪明的学生与大学擦肩而过。然而那位学生心中的恨,并没有因为教师的一句激将法而消退。靠仇恨产生的力量前行的人,不知道如何与人友善相处。一个人的心境上有了仇恨的影子那么即使有了爱,也不会再重新圆满起来。

当教师面对自己不喜欢的学生时,最常用的招就是嘲讽学生。例如,对班上一名长大想当老师的学生小哲,在他犯错时,班主任总是阴阳怪气地说:"小哲老师,你打算怎么处理这类事情?"对于班上淘气学生的梦想——以后我想像帕瓦罗蒂那样当一名男高音歌唱家,挣很多钱,班主任在全班同学的窃笑声中说:"那你还得成为作曲家呢,不然哪里去找你不跑调的曲子呢?"这样的语言,即使没有严重到让学生恨教师的程度,但同样地都让学生很没面子。学生可能会后悔告诉了老师自己的梦想,自此不再会和老师谈自己的心里话了,师生间话就此越来越少。

教育要以爱育爱,恨只会让自己陷入报复的囹圄。教师要细心呵护学生的每一个梦想,用鼓励给学生的梦想提供阳光、水分和成长的土壤,而不是用讥讽把学生斑斓的梦想扼杀在摇篮里。

四、口头禅

不少教师都有口头禅,比如讲课时"这个这个这个""就是任性""别着急"等。这些话在课堂上每五分钟就出现一次的话,对于师生沟通和师生关系的促进显然是无益的。除了让学生冠之以"这个老师""任性老师""别着急老师"外,似乎就只是使多年后同学对老师的记忆仅剩下这句口头禅了,徒增笑料。笔者对大学期间某物理老师的印象就是这样,每讲几句话就会有一句"同学们认真听啊,刚才没跟上不要紧,现在认真听就可以了",至于他讲了些什么,长得什么样全都不记得了。课下和学生沟通时的口头禅,比如"我都说了多少遍了,你怎么还这样啊!""管不了你了是吧?""你再这样就让家长把你领走!"等,没有几句有效,也没有几句是真的。但前者会让学生立刻闭嘴,后者会让学生觉得老师无能,对师生关系的破坏力可想而知。

作为一线教师,笔者深知当教师过度关注学生的成绩时,学生的学习便成了教师挂在嘴边的话题,唠叨在所难免;当教师过度关注学生的行为时,教师会下意识地翻学生的旧账;当教师一遍又一遍地提醒并不能真正矫正、干预学生的行为,猫捉老鼠的游戏在校园里一再上演时,教师开始变得刻薄寡情;当学生的行为和教师的价值观发生冲突时,教师的讽刺就如奔腾的洪水冲出沟渠一般。然而这些不良的习惯会疏离师生关系,降低教师对学生的影响力,降低教育效能,最终背离了教育的宗旨。

第三讲　师生沟通中常见的语言问题

师生沟通是一门艺术,也是一门技术。融洽的师生关系,孕育着巨大的教育潜力,而且对于学生思想品德的养成、智能的培养及身心和个性的全面发展更是起到至关重要的作用。然而随着社会的变革和网络技术的发展,师生沟通出现了一些障碍,比如教师的错误观念、错误习惯,学生思想不成熟等主观原因引起的障碍,或者硬件设施不足等客观原因引起的障碍。近年来推行的素质教育和各种教育改革不断地对教师的学历、能力提出更高的要求,沉重的职业压力导致相当一部分教师常因个人的状况难以掌握自己的情绪,在盛怒或烦躁下,制造出破坏性的对话,从而导致师生沟通状况更趋恶化。

有效的沟通是不断跨越障碍的过程。师生沟通的障碍来自哪里？来自沟通的一方或双方错误的沟通立场，而这种错误的沟通立场又通过错误的沟通语言表现出来。

许多研究发现，教师的一些习惯、脱口而出的语言，成为"杀手"式的信息，阻碍了师生沟通的效果，导致师生之间的误会和冲突。所以，提高师生沟通的效果，首先应从分析教师错误的沟通语言着手。

言为心声，教师的语言就是教师人格的外部表现，语言本身具有一种工具性，好的语言与坏的语言所达成的教育效果，确实有天壤之别。人们往往把好的听讲比作"如沐春风"，足见好的语言形式有着强大的教育教学优势。所以，教师对语言的使用须慎重。

教师切忌"左"的语言倾向。课堂上，由于牢骚太盛，有的教师为了自我标榜，往往喜欢在课前来一段开场白，谈一些"众人皆醉我独醒"的话，诸如社会黑暗、教师地位低等。殊不知，这些极"左"的言论，在心明眼亮的学生面前，暴露了为师者心胸的狭窄、格调的低下，严重地损坏了教师的人格美。

生活上，教师不能有见利忘义的言辞，不能有骄人傲物的夸张，凡此种种，都不利于教师人格美的建立。例如，有推销员到办公室推销资料，推销员风尘仆仆，一副可怜兮兮的模样，有些教师可能会问"有回扣吗"，有些教师则大声呵斥"滚出去""别打扰我们"……这些话若给学生听到了，教师还有什么神圣可言？这是因为师者在自毁形象。有的教师在学生中缺少威信，往往是始于语言的孟浪。

我国师生沟通中教师常见的语言问题大概有四类：

一、发号施令型

发号施令型的语言总是告诉学生：作为一个学生，他"应该"怎么做，"必须"怎么做，"最好"怎么做，"可以"怎么做，发号施令型的教师认为，通过这样的语言可以向学生传递解决问题的办法，期望学生最好能无条件地接受。它也是许多教师最喜欢使用的一种语言。

发号施令型语言可以分为四种，根据教师使用的频率排列如下：

（一）命令

如"坐下！不许动，现在轮不到你说话，等到你得到了原谅再说。""不许再哭，这里不是你家！""你给我离开教室！""不许……"这种语言使人感到：学生的感受、需求或问题并不重要，他们必须顺从教师的感受与需要，并有可能产生对教师权威的恐惧感。这是教师单方面发出的语言信息，学生的情感或需求没有得到尊重，因此，学生有可能对教师产生怨恨、恼怒和敌对的情绪，比如顶撞、抗拒、发脾气等。

（二）威胁

如"如果你们这次不交齐作业，我就要罚你们再抄 10 遍！""如果你再不改，我就打电话给你的家长，叫你的家长来见我！"

这种语言首先是命令，然后是告诉学生不服从的后果是什么。这种语言可能使学生感到恐惧和屈从，也可能引起学生的敌意。学生有时还可能对此做出与教师期待相反的反应："好啊，不管你说什么，我都不在乎，看你把我怎么样！"更有甚者，做一做刚才被警告过的事，好看看教师是否真的言出必行。即使教师真的采取了叫家长等措施,学生的态度一般也不会有所改变。他们只会更加反感,起码也会保持消极状态的沉默,与教师、家长不做任何交流。

(三)强加于人

例如,"昨天晚上你有没有照我的话去做功课? 你知道如何来安排时间吗? 让我来告诉你……"

"今天找你来,是要讨论你这次考试失误的事情。经过我对你的试卷分析,我发现你存在的问题是粗心。你说是吗? 记住:下次考试要细心!""好,我的话讲完了,你可以回去了,千万要记住我的话,别再粗心!"

其实,学生考试失误未必是因为粗心,也许还有更多的原因。教师找这个学生来谈话,目的是为了帮助他找到这次考试失误的原因,提高学习的成绩,但因为没互动和交流,导致他们之间的谈话毫无效果,并让学生感到老师并不想、也确实不了解自己。

"强加于人"实际上也是微妙地下命令,但是它可以更巧妙地隐藏在貌似很有礼貌的、富有逻辑的陈述中,但讲话的这一方,只有一种心态,你是我的学生,所以必须按照我的观点来做。因为不给对方发表自己意见的机会,因而这类谈话进行得很快,学生也根本没有时间表达自己的想法,从而会感到自己的权利被剥夺。长此以往,学生还会产生一种"老师总是认为我不行,我有着改也改不完的缺点"的压抑感。

(四)过度忠告

例如,"如果我是你,肯定不会像你这么做","考试的时候一定要先做容易的题目,再做难的题目"。

这样的语言信息是在向学生证明:教师不信赖学生自身解决

问题的能力。其后果往往会使学生对教师产生依赖心理,削弱他们独立判断的能力和创造力。过度忠告也意味着教师有一种自我优越感,容易引起追求独立的学生的反感。有时这种语言信息还会使学生感到被误解,甚至这样想:"如果你真正了解我,就不会给我出这种又馊又笨的主意。"

发号施令型语言是教师平时使用得最多的一种语言。许多教师认为它是见效最快的语言。它的优点是教师可以快速解决学生存在的一些问题。它的缺点是使用过度就会失效。因为:

1. 容易造成学生反感。这种语言的后面常常隐藏着这样的意思:"你太笨了""你太差劲了""你要听我的""我是权威"等。这让学生听后很反感,随之出现逆反心理或顶撞情绪。有经验的教师会发现,当一个学生接受这样的语言时间较长后,会变得烦躁、自卑,以后对类似的语言或许很漠然,以至于有许多教师和家长总是抱怨:"为什么孩子越教育越不听话!"

2. 容易使学生顺从,却不容易产生积极的行为。

3. 它所表达的信息仅涉及学生而不涉及教师本身。由于学生不知道他的行为对教师有什么影响,只知道老师要求他对某些行为进行改变,在这种单方面的沟通渠道中,学生也会单方面地对教师做不正确的推测,比如,这位教师偏心,心胸狭隘,脾气坏,专门拿我们出气,对我们要求太高等。学生有了这样的负面心态,就难以接受教师原本良好的用意了。

二、傲慢无礼型

傲慢无礼型语言可以分为以下三种:

(一)训诫

例如,"你是个初中生了,应该知道什么是对的? 否则你得到小学去回炉了","你应该很清楚写字必须用什么样的姿势"。

这种语言表达了一种预先设立好的立场,使学生感受到与教师之间地位的不平等,感受到教师在运用教师权威,导致学生容易对教师产生防卫心理。

当教师运用这种语言模式的时候,常会使用这些短语:"你应该……""如果你听从我的劝告,你就会……""你必须……"。

这类语言在向学生表达:老师不信任你们的判断能力,你们最好接受别人认为正确的判断。对于年级越高的学生,"应该和必须"式的语言越容易引起抗拒心理,并导致他们更强烈地维护自己的立场。

(二)标记

例如,"我发现班上一有麻烦,总有你的份","我早就知道你不行,因为你太懒惰"。

这种语言一下子就把学生打入了"另类",最容易令学生产生自卑感或"破罐子破摔"式的消极心态。面对教师这样的标记式语言,学生会感到自尊心受到伤害。为了维护自己的形象,他们以后就会在教师面前尽量掩饰自己的想法和情感,不愿将内心世界向教师敞开。一些调查表明,学校中最得不到学生尊重的教师,是经常给学生打标记的教师。所以,教师对此必须特别注意。

(三)揭露

"你这样对抗老师,无非是为了出风头!"

"你心里想什么我还不知道,在我面前你别想玩什么花招!"

"说几句认错的话就想蒙混过关? 其实是害怕我给你爸爸打电话吧? 可我今天偏要给你爸爸打电话!"

……

其实,教师让学生知道"我知道为什么""我能看穿你"并不是件好事。因为如果教师分析正确,学生会由于被揭穿而感到窘迫或气恼,而如果教师分析不正确,学生也会由于受到诬赖而感到愤怒。他们常常认为教师是在自作聪明,自以为能像上帝一样居高临下地洞察所有学生的内心。

傲慢无礼型语言在不同程度上都有明显贬损学生的意味。它们会打击学生的自尊心,贬低学生的人格,并明确地表达下列意思:

"你是问题学生""你不好""我不喜欢你,甚至讨厌你""我对你没有信心"等。

学生如果经常听到这类语言,就有可能形成"我是一个差劲的人"的自卑心理,长此以往会对学生的身心发展造成较大的伤害,由于这种语言常常使学生的自尊心受到伤害,他们也可能随之出现反攻击的心态。这时,师生之间可能出现大的冲突。更重要的是,傲慢无礼型语言给教师的形象蒙上了粗鲁、教养差等阴影,给学生造成负面影响,对他们的成长很不利。

三、讽刺挖苦型

讽刺挖苦型语言可以分为以下两种:

(一)暗示

"你讲话的水平真高啊,也许以后会有人请你当我们学校的校长。"

"临近高考你还在玩,真是胸有成竹啊,看来你一定会考上名牌大学。"

"《西游记》刚刚演完,我们可以开始上课了。"

……

这类语言虽然相对说来比较温和,但效果往往很差,原因如下:

1. 由于学生年龄较小,注意力不够集中或认为不关自己的事等,大多数学生并不能够透彻地理解这些暗示,所以有时教师会感到自己是在"对牛弹琴"。

2. 哪怕有些学生明白了教师话语的部分含义,也会觉得教师说话如此拐弯抹角而有失坦诚,觉得教师"太做作了",从而失去了对教师的信任。

3. 即使学生听出了教师的"话中之话",也只会对教师的说话动机和人品做出鄙夷的评价。

(二)中伤

"你的字写得太好了,龙飞凤舞啊,我的水平太差,实在看不懂! 看来要请你的爸爸来教我看。"

"你以为你是爱因斯坦吗? 不要白以为懂得很多了!"

"怎么这么热闹,看来全班同学都缺钙啊!"

……

这类话一出口,就流露出对学生的明显鄙视,还带有一些人格侮辱的成分。

对这类中伤型的语言学生会非常反感。他们即使当面不敢说,心里却会反击:"你有什么资格来消遣我。看你说话的样子,哪像一个老师!"

教师在使用讽刺挖苦型语言的时候,是希望学生听懂这些话中的弦外之音。他们认为这是一种较为温和、较为"高雅"的表达方式。这类语言的潜台词是:"如果我们把话挑明你们就会不喜欢我""跟你们坦白太危险了""我是有水平的老师,不会像你们那样直筒子式地说话。"不要以为仅仅是发号施令型和傲慢无礼型语言才有许多不良的后果,讽刺挖苦型语言对学生的伤害也非常大,因为这类语言的深处隐藏着的是对学生的厌恶和轻视。

四、隔靴搔痒型

隔靴搔痒型语言主要有以下两种:

(一)空口"安慰"

"不要难过! 太阳每天都是新的,明天你就会好起来。"

"不要着急,你还年轻,人生之路长着呢。"

"回去休息休息,一切都会好起来。"

……

在这些并不能解决实际问题的、没有意义的安慰中,隐含着一丝"哀其不幸"式的怜悯感,因此,学生会感到双方并没有站在平等的地位对话,而自尊心越强的学生越不喜欢教师这样的讲话方式。

(二)泛泛之辞

"总的看来,你是一个好孩子。"

"我也不知道对你说什么,你自己好自为之吧。"

"你需要发扬优点,改正缺点。"

……

这种泛泛而论的评价过于简单,对于学生的成长根本无益,而学生也会怀疑教师是否真正关心自己。当教师安慰一个痛苦中的学生或学生急切地要求教师对自己有所帮助时,隔靴搔痒式的语言会让学生非常失望,进而他们就会对教师产生无能、自私、冷漠等不良印象。如果学生经常听到教师说此类话,还会怀疑教师是否一直在敷衍自己,对自己毫无爱心。长此以往,师生关系

就不会融洽,隔阂将会日益加深。

许多成人在回忆往事时,经常会提及学生时代若干印象最深刻的事情。他们也许会说,当时是老师一次意味隽永的激励使自己受益一生,还有些人也许会说,当时是老师的一句话深深地伤害自己,成了自己"永远伤心的理由"。教师不能轻视自己的一言一行,不能在无意中成为被通缉的"杀手",因为你面对的是一个个活生生的、年轻美丽的生命。

第四讲　师生沟通中教师的语言艺术

教育教学语言是教师在传道、授业、解惑,开发学生智力,培养学生品格中所使用的语言。善于引导学生学习的教师,其教育教学用语总是能够沟通师生的思维,拨动学生的心弦,引起学生的共鸣,制造出良好的教育教学气氛。教育教学语言是决定教育教学成败的关键因素。教师良好的教育教学语言"不是蜜,但它可以粘住一切"。这就要求我们教师必须加强语言修养,掌握高水平的教育教学语言艺术。

师生沟通中教师语言的使用是一门艺术,主要使用的语言类型有幽默、模糊、委婉、含蓄、沉默等。

幽默是人际关系中必不可少的"润滑剂"。幽默可以用来批评学生的一些不良行为,幽默有时也用来补救教师在师生沟通中产生的一些失误。

模糊的说法有时是为了使沟通留有余地,有时是为了照顾对方的自尊,有时是为了避开某些敏感的问题。富有亲和力的语言更能使学生与自己亲近,师生关系相处融洽。如果教师把话语磨去些"棱角",变得软化一些,使学生在听到话语时仍感到自己是被人尊重的,学生就能从理智上、情感上接受你的意见,这就是委婉的妙用。

在师生沟通中,"只需意会,不必言传"的手段就称为含蓄,含蓄是教师高雅、有修养的表现,也经常表示出一种对学生的尊重。学生的年龄越大、文化程度越高,教师使用含蓄语的频率也会越高。在带有说服学生性质的谈话中,教师的适时沉默会体现出一种自信心和力量感。教师有意识的沉默也是一种有效的批评方法。

一、幽默

(一)幽默的重要性

中外教育调查显示,富有幽默感的教师是未来最受学生欢迎的教师类型之一。这证明,富有幽默感已成为教师不可缺少的必备素质之一。幽默不仅是教师人格魅力的展示,而且是教师教育机智与创新能力的具体体现。并且,它还是融合师生关系的"润滑剂"。

教师这一职业,面对的是正处于青春期蓬勃向上的年轻生命,他们热情活泼、精力充沛、头脑活跃、富有创意、思想敏锐,加之他们在人际沟通方面经验不多,因此在繁重的学习压力下,他们渴望轻松、安全、积极和释放,希望消除教师这个职业所带来的神秘感、隔膜感和压力感,从而在师生之间形成良好的沟通和互动,时常带给自己安全、温暖、乐观、蓬勃的如沐春风的感受。因此,在这种情况下,幽默自然就变得非常必要了。

一般而言,幽默具有以下独特的功效:增强教育效果,弥补沟通的缺失,舒缓人际压力,激励进步,赢得尊敬信任,促进人际和谐。

在教育过程中，幽默的作用越来越被人们所重视。作为一个教师，如果具备了幽默的语言，那么师生的沟通会更好。

幽默在沟通中的作用是不可低估的，它能使沟通的效果更趋完美。它的作用确实妙不可言，它就像我们打开电灯开关，电力便沿着电线输送过来一样，按下我们幽默的按钮，也能促使一股特别的力量源源而来。

有了幽默，我们可以学会以笑来代替苦恼，借着幽默力量，我们能将自己和他人超越于痛苦之上。幽默使人与人积极交往，能降低紧张，制造轻松的气氛。它以愉悦的方式表达人的真诚、大方和心灵的善良。

幽默是一种才华，是一种力量，它像一座桥梁拉近人与人之间的距离，弥补人与人之间的鸿沟。

一个幽默的教师，能够时时发掘出事情有趣的一面，并带领学生欣赏到生活中轻松的一面。这样的教师，容易令学生想去接近，这样的教师，能使接近他的学生分享到轻松、愉快。

幽默大师林语堂曾在某大学教授英文，第一天开始上课，他手提一个大大的皮包走进教室，学生都以为是课本，当他打开来尽是有壳花生，林语堂则用英文大讲其吃花生之道。他说："吃花生要吃带壳的，一切味道与风味，全在剥壳，剥壳愈用劲，花生米就愈有味道。"他再补充说，"花生米又名长生果，诸君第一天上课，请吃我的长生果，祝诸君长生不老，以后我上课不点名，但愿大家吃了花生果，更要长性子，不要逃学！"语毕全堂莞尔。此后，每逢大师讲课，总是座无虚席。

幽默乃是"赋于中，形于外"的，是以"幽默的心"发为"幽默的话"，让听的人如沐春风，懂得运用赞美、风趣的言语，就见得到智慧的火花与精华，动不动就训话的教师，永远成不了一名优秀的教师。

(二)幽默在师生沟通中的运用

1.批评学生,巧用幽默

当学生犯错时,我们教师批评学生往往比较严肃而紧张,以此达到让学生警醒的目的。这种做法是更正学生错误的有效途径之一,但有时也会产生一些负面影响,如导致师生关系的紧张,不能顾及学生的面子,伤害学生的自尊心等。而巧妙地设置幽默,不仅可以同样达到批评学生的目的,更容易贴近学生心理,学生也易于接受这种"软"批评。

有一篇老师日记这样记载:

在教五年级时,一天放学后,我班的两名学生在校门外,因说笑发生口角动起了手,幸好被周围的同学及时阻止了,事后我知道了这件事,平时对于打架、骂人的一般处理,都是严肃地批评教育,但是所起到的效果并不是非常理想。第二天班会上,我笑着对学生说:"同学们,你们听说打架有 3 点好处吗?"这句话刚出口,学生的注意力立即被吸引了过来,我继续说下去,"第一嘛,就是打架可以迅速地提高自己的知名度,尤其是在人多的公开场合(学生开始笑起来);第二,打架可以消气,把心中生的闷气都泄到对方身上去;第三,打架可以让对方身体疼痛,让对方尝一尝拳头的滋味。"哈哈哈……大家忍不住都笑了起来。

"但是……"我话头一转,表情也故意"严肃"起来,"有利必有弊,打架也不例外,同样也有这样的 3 点坏处,"学生都全神贯注地听着,"第一,虽然打架可以提高知名度,但却不是什么好名声,而是会打架的坏名声;第二,打完架之后心里的气就能完全消除吗?不见得,这气是越打越大、越憋越多;第三,虽然自己的拳头落在对方身上,可是对方也会还手啊,他身上疼,你身上也疼啊……"学生在咯咯的笑声中，联系前后一想就会恍然大悟，再看看那两个打架的孩子，他俩都不好意思了。趁热打铁，我赶紧问学生："大家说说看，好处与坏处相比较，打架到底好不好呢？"同学们纷纷发表了自己的意见。有的说："打架不好，伤害身体，更重要的是破坏了同学之间的友情！"还有的说："打架不仅影响自己的形象，还影响到班级甚至学校的形象……"在讨论中，不知不觉便教育了每一个学生。

事后，两名同学一起找我承认了错误，并握手言和。此后，我们班级也极少出现打架、骂人这种不良行为，在这件事情上，我并没有直接批评某个学生，不仅保护了孩子的自尊心，而且以幽默的方式对全班学生都进行了教育，比起高谈阔论地讲大道理，学生更愿意接受这种保护"面子"、充满趣味的批评。

有时候，学生犯错时，直接指出他们的错误未必能收到预期的效果，因为这种话他们已经听了很多回了，早已不拿它当回事。这个时候，如果正话反说，寓理于诙谐幽默之中，就能收到一箭双雕的效果。

案例：有一次，教师魏书生刚走进教室便发现有两个学生不知为什么正扭打在一起，全班同学的目光都望着他，看他如何处理，而那俩调皮鬼却浑然不知，仍打得十分"投入"。见此情景，魏书生便幽默地说："同学们请继续欣赏这场十分精彩的'男子双打'比赛。"在同学们的笑声中，俩人不好意思地停下来，魏书生又不失时机地补充了一句："同学之间应互谅互让，不要因一点小事弄得大家都不好意思。"

还有一次，魏书生发现一位同学听课时思想开小差，眼睛总是望着窗外，他便说了一句："外面的世界很精彩，里面的世界也不坏。"这位同学立刻意识到魏书生在讲自己，得以重新集中精力听课。

可见同样是批评学生,用幽默的方式指出来,却能发挥出莫大的效果,它既批评了学生,又不伤自尊心,而且不影响教学。

2. 课堂教学,多用幽默

课堂教学是紧张而富有压力的,学生要保持几十分钟的注意力听讲本身就是一件很不容易的事。所以,多使用一些具有幽默的语句、表情、动作,可以调动起学生的积极性,缓解学习所造成的压力。如发现学生忘记带学习用品,如果老师笑着说:"同学们如果是在战场上可不能忘记带枪啊,仗还没打呢,你就得投降了!"这么一说,一方面可以避免学生因忘记带学习用具而产生的尴尬,同时也提醒学生今后要提前准备好学习用具。反之,如果为此责怪学生,不仅会耽误课堂时间,同时会使忘带东西的学生心里紧张,间接影响他们学习的效率、效果。

有这样一篇教师日记:

有时课堂上会遇到有难度的思考题,我便事先给学生打打气:"同学们,前面有一座山,现在我们来做登山运动员,怎么样,有没有勇气和老师一起翻山越岭啊?"学生面带微笑地齐声喊着:"敢!""Let's go!"班级的课堂气氛马上就变得轻松、活跃了,在这样的氛围里,学生敢于创新,当他们的回答带有自己的特色,能想到别人想不到的方法时,我会竖起大拇指夸奖他们:"爱因斯坦都会为你鼓掌的,真棒!"诸如此类的小幽默,使孩子们在笑声中,积极思考着、创新着,使学生充满前行探索的动力。

在课堂教学中,常会有突发事件,考验上课教师的应变能力,教师如果能当机立断,急中生智,处理得当,不仅能化解尴尬场面,同时也提高了教师的声望,使他在学生的心目中更具信服力和权威感。

笔者有位朋友叶林,刚从师大中文系毕业,分配到一所中学任教。面对这一群调皮又好动的小大人,他得使出浑身解数,才能压得住他们。但是,第一天上课,难题就来了,原来是点名时,有一位学生的名字叶林不会念,偏偏他教的又是语文,承认有不认得的字,岂不是被学生笑翻了。突然,叶林灵机一动,便故意把不会念的那位同学的名字跳过,等全班都点完名之后,再气定神闲地问:"还有同学没点到名的吗?"理所当然,那位同学便举了手,表示没被老师点到。这时,叶林自然可以问:"这位同学,你叫什么名字啊? 老师在点名单上找找。"如此,既可光明正大地询问名字的念法,又可不被学生识破叶林的窘境。可谓急中生智,化解尴尬的妙用!

3. 协调师生关系,善用幽默

师生关系的和谐对教育教学的作用是举足轻重的。研究发现:学生对一个老师的喜欢程度,会影响他们对这个老师任教的科目的态度。师生的和谐关系是不容易形成的,需要老师做很多方面的工作,如果事情处理得不恰当,很可能引起师生关系的矛盾、僵化。那么,怎样能使师生关系更亲密,尤其是当师生之间发生一些矛盾的时候呢? 我们可以选择幽默,用幽默来拉近师生的心理距离。

有这样一篇教师日记:

记得班里有个十分调皮的男孩,作业经常拖拉、少做,甚至不做,和他聊过多次都没有起到作用,协调家长共同教育,成效也不是很明显。一次,在课堂上他走了神,别人已经做好了题目,可他还在那里摸这摸那,纹丝未动。我非常生气,想一想这么长时间的交流都未能使这块"顽石"点头,我忍不住狠狠地批评了他……之后的一个星期,他的作业基本上能按时完成,我也及时地表扬

—— 120 ——

了他,可是却发现他走路时,会有意无意地躲开我,这时,我的气早已烟消云散,不知道他是见到我觉得不好意思呢,还是思想上的疙瘩没解开,才故意躲我的呢? 于是,抓住一次偶遇的机会,我拦住他,笑着问:"怎么? 你又想做个'逃兵'? 王老师难道是只大老虎吗? 怎么一见到我就躲开呢?"他笑了,轻声喊了句:"王老师您好。"我把他领进办公室和他聊起来,虽没有谈到前些时候发生的事,但他竟主动向我承认了自己的错误,我也保证今后不在全班同学面前批评他,我们用拉钩钩的方式结束了谈话,后来他进步得很快,期末考了全班第二名的好成绩。幽默是润滑剂,它避免了师生彼此的尴尬,拉近了我们的心,如果采用生硬的方式进行沟通,师生之间就无法真正打开心门,坦诚交流。

在师生的交往中,师生两代人因为在情感、心理特征、价值观等方面的差异,有时难免会发生一些冲突。有时候,学生只是想跟老师开个玩笑,并无恶意攻击的想法,学生开这样的玩笑是很常见的,但老师们常常很难接受。这时,幽默应对尴尬的局面不失为一条极好的计策。

案例:特级教师钱梦龙,有一次一进教室,就看见讲台上有一堆橘子,心里纳闷,橘子外观完好,但似乎不太寻常,就随口问道:"这些橘子是做什么用的?"学生回答:"请老师的!"钱梦龙含笑称谢,拿起一个来,不料橘子早已掏空,里面塞满了卫生纸,学生们哄堂大笑。钱梦龙老师一时僵住,但马上反应过来,幽默地说:"哎呀! 原来你们这么细心,替我准备好了橘子皮,这可是美容上品! 值日生,替老师包好! 是哪几位同学,下课后到我办公室,我要好好谢谢你们!"学生们又是一阵大笑。课后,几个调皮鬼主动到钱老师办公室认了错。试想如果钱梦龙大发雷霆,非要把恶作剧的学生找出来,狠狠惩罚一番,学生会觉得这个老师没有情趣,无形之中拉远了师生之间的距离,一堂课就只能在沉闷中度过了。

　　教育是一种特殊的交往,师生间的关系首先是交往关系,有效的沟通能直接建立和谐的师生关系。沟通是人际交往的润滑剂,而幽默感则是沟通的润滑剂。幽默感可以使沟通气氛融洽,信息互动流畅。恩格斯说:"幽默是具有智慧、教养和品德的表现。"列宁也说:"幽默是一种优美健康的品质。"教育家莱斯威特夫洛夫说:"我一直认为教育家最重要的、也是第一位的助手是幽默。"心理学家调查发现,学生最大的愿望就是老师语言生动,形象风趣,有幽默感,而最不喜欢的就是没有幽默感的老师,语言要幽默,富有情趣。著名教育家苏霍姆林斯曾说过:如果教师缺乏幽默感,就会筑起一道师生互不理解的高墙,教师不理解学生,学生不理解教师。教育研究表明,师生情绪严重对立时,学生会拒绝接受来自教育者的一切要求。很多学生由于在学业上遭受挫折,因此自卑心理表现突出,所以课堂教学中运用幽默的教学语言,消除师生间的隔阂,使教师显得和蔼可亲,平易近人,充满睿智,使学生丢弃自卑、胆怯、拘谨,从而促进师生合作,教学相长。

　　运用好体态语言。体态语言又称"态势语""身势语""人体语言",它是运用表情、眼神、动作等表达某种特定的意义,交流思想感情的语言辅助工具。在教学中常用的体态语言有三种:面部语、眉目语、手势语。教师面部表情是向学生传递思想感情,施加心理影响的重要手段之一。教师应善于根据客观情境的变化,自然地显露各种不同的表情。借助不同的表情渲染气氛,强化师生之间的情感交流。同时教师要善于用眉目传情,把喜怒哀乐、褒贬抑扬和爱憎亲疏等不同的感情色彩用眼神表现出来,激活课堂气氛,开启学生心智。而手势语也是一种重要的体态语言表达形式,教学中教师准确、适度的手势可以传递思想,又可以表达感情,还能加深学生对知识理解和记忆,给学生留下深刻的印象。比如竖起大拇指表示赞许,摊开双手表示无奈。总之,教师在教学中要运用好体态语言,赋予课堂以艺术生机和活力。

二、模糊

在师生沟通中,有时会因某种原因不便或不愿把自己的一些意见明确地表达出来,这时,教师就可以采用模糊的语言技巧,把输出的信息"模糊化",使沟通留有余地,巧避锋芒。

当教师对学生的一些事情的真相尚未了解清楚,特别是对突发事件的前因后果尚不明确时,运用模糊语言,能给教师留下主动性和灵活性。

例如:有学生反映,班上有一对男女同学像是在"早恋",老师在没有彻底弄清情况前,没有急于做出反应,只是对反映的同学说:"我也注意到了一些,不知是否真是这样。请你们不要再谈论此事,不管怎样,我会按照我一贯的原则来处理好的。"老师表面上的轻描淡写和模糊说法,避免了学生把事态再扩大,有利于今后教师谨慎、正确地处理此事。

模糊有时也是为了照顾对方的自尊,尤其是批评性的语言。

例如,教师在班会上讲评学生问题时,一般都这么说:"绝大多数同学是好的,少数同学还存在问题,个别同学特别差。"这种说法一方面保护了存在问题同学的自尊,同时又对他们起到了提醒、敲打的作用。

模糊有时还是为了避开某些敏感的问题。

例如,学生问班主任老师:"你觉得教我们班级的任课老师中谁的课上得最好?"老师答:"各人有各人的特点吧!"有的学生问:"老师,您是不是最喜欢我们班的某某同学?"老师答:"是好学生老师都喜欢。"

值得注意的是,模糊不等于糊涂。糊涂者思路杂乱,逻辑不清,而使用模糊语言者的思路是清晰的,目的是明确的,语言本身也符合语法逻辑。当然,大多数情况下,沟通的语言需要明确,模糊表达只是在一定情境下的权宜之计。

模糊性的语言,避免了对尖锐问题的直接回应,体现了温和的语言特点,给学生以平等和尊重,是处理师生关系的有效策略。

三、亲和力

在教育教学中,教师的语言要有亲切感,有亲和力。比如让学生回答问题,有些学生羞于开口,回答问题时很紧张,教师应用亲切柔和的语调告诉他:"不要慌,胆子大些,答错了也没有关系。"当学生回答不明确、词不达意时,教师应肯定他的优点及正确的地方,并鼓励他说:"老师知道你想说什么,可语言没有组织好,再想想好吗?"对于没有回答出问题的学生,应委婉地告诉他:"相信你再细细考虑一下的话,肯定会有自己的见解的,下次有机会相信你会回答得很好的。"特别对那些智力较差的学生应多鼓励,绝不能用嘲笑的话损伤他们的自尊心。

一般来说,任教时间较长的老师喜欢用权威性的语言、命令的口气,达到对学生的威慑作用。

有些年轻老师,刚刚进入职场的时候,常常会遇到这样的情况——你刚去上班,走进办公室,几个前辈教师就跟你说:"对这里的学生你不能太善良了,不能笑对他们,不然他们就会觉得你是好欺负的,以后想改变形象就难了!"于是,你记住了,与学生接触的时候,很少对他们笑,一进课堂就严肃起来,刚开始学生们都挺怕你的,可半个月后,有部分学生就开始搞怪了,课堂纪律也变差了,甚至有部分成绩好的学生也在私底下说你是"纸老虎""苦瓜干",觉得你一点儿都不可爱。年轻老师也很困惑:"我到底应该以什么样的姿态出现在学生面前呢？怎样才能更好地与学生进行沟通呢？"

对于年轻教师来说,为了树立权威而对学生板起面孔,反而会引起反面效果,这时,应该多注意语言的亲和力,树立大哥哥大姐姐的形象,这样做更能使学生与自己亲近,师生关系融洽。

一位高中新班主任的任职演说就充分运用了有亲和力的语言:

同学们,你们都很年轻,但我也比你们大不了几岁,看到你们使我马上想起了自己的中学时代,那时我就在离你们学校不远的某某中学上学,每天都要路过你们学校,所以我对你们学校本来就挺了解的,我做学生时也有毫无节制地看武侠小说,经常和老师顶嘴,对老师和家长的教诲,我总是觉得他们太啰唆,现在想想有点后悔,因为知道他们是真正为了我好,有空时我想给大家讲讲我做学生时的一些经历,也许对你们的成长会有点启发。

我跟你们一样,也有很多爱好。我喜欢唱歌、打球、上网,有时候还会看看漫画书,上大学时,我是学校合唱团和系篮球队的队员,我最喜欢的歌星是周杰伦,也觉得现在流行的街舞挺好看,也喜欢看 NBA 的球赛。只要你们先把功课学好,我会在业余时间和你们一起搞各种活动,今后,在和你们相处的日子里,我不但会在学习上帮助你们,还会和大家同忧共患。如果你们心里有什么解不开的疙瘩,尽管来和我谈。因为我相信我不但会成为你们合格的班主任,还一定会成为大家最好的朋友!

听完这番话,同学们的脸上都露出欣喜和兴奋的神色。这位班主任也兴奋地体会到,自己和同学们的第一次沟通成功了。从这位班主任的就职演说中，我们可以看出形成亲和力的几个因素。

首先，"物以类聚，人以群分"。这位教师在短短的几句话里，涉及了文艺、体育等多方面年轻人喜欢的热点。同时，通过对自己的经历、特长、爱好及年龄、籍贯、毕业院校等的介绍，使学生感到教师的许多方面与自己有共性，心理距离已经不知不觉地拉近了。这个道理，其实一般人都明白，但是，能否有意识地、主动地、熟练地运用好，又是一件不容易的事。

其次，适当暴露自己的缺点。社会心理学家的实验表明：在人际交往中，最受欢迎的并不是那些看上去能力很强，又表现得天衣无缝、滴水不漏的人，而是那些能力强，但偶尔又犯一些无伤大雅的小错的人。因为他们是"人"，而不是"神"。这位教师在注意正确导向的前提下，提到了自己学生时代的一些小缺点，使学生感到这位教师确实很真诚，值得自己信赖。心理学家发现，人际沟通中人的有些缺点实际上属于可爱的"缺点"。例如，对"隐私"的理解比较宽松，愿意主动，但也适度地告诉对方自己的一些家庭、爱情、年龄等方面的情况，在经济方面不是太斤斤计较，天真、富有孩子气，人情世故方面有点幼稚等。

最后，主动表达交心愿望。

这位教师最后对学生的一番表白热情洋溢、发自肺腑，使得年轻的学生们不可能不被感动。这种感动主要来源于教师表达出的主动沟通对话。许多人的沟通立场是：你怎样对待我，我就怎样对待你！无疑，这是一种以自我为中心，而且较为被动的沟通技巧。从事着"教书育人"崇高职业的教师应该信奉的是更主动、更高层次的沟通立场：我想让你怎样对待我，我就先怎样对待你！当然，营造亲和力来源于教师对学生发自内心的热爱，而绝不是无原则的阿谀奉承或矫揉造作。

四、间接性

心理学的研究表明,人们的认知和情感有时并不完全一致。在师生沟通中,教师的有些话虽然完全正确,但学生却因碍于情感而觉得难以接受。因此,直言不讳的效果一般不太好,如果教师把话语磨去些"棱角",变得"软化"一些,使学生听到话语时,仍感到自己是被人尊重的,学生就能从理智上、从情感上接受你的意见。

（一）委婉

被誉为"当代牧马人"的曲啸老师,一次到某市监狱给年轻犯人做报告,报告的题目是"认罪伏法,教育改造"。报告之前,曲啸老师绞尽脑汁地进行准备。报告一开始,曲啸老师称呼大家的是"触犯了国家法律的年轻的朋友们",这个称呼立即引起了全体罪犯的强烈共鸣,有的当时就掉下了激动的眼泪。曲啸的这种语言可谓是"委婉称呼"的妙用:由于对这些年轻的犯人既不可能称同志,又不便直接称"某某罪犯"。因此,使用这些委婉的称呼,既明确了对方的身份,又起到了缩短双方心理距离的作用。

在向学生表达一些否定性的意见时,教师如果能使用委婉的技巧,就会使学生更容易、更愉快地接受。以下列举几种具体做法:

1. 使用一些语气词

例如:试比较,"你不要强调理由!"和"你不要强调理由嘛!""快对老师说实话!"和"快对老师说实话吧!"

用"吗、吧、啊、嘛"等语气词,可以使人感到你的说话口气不那么生硬。

2. 灵活使用否定词

例如:把"我认为你这种说法绝对错了",改为"我不认为你这种说话是对的";把"我觉得这样不好"改为"我并不觉得这样好"。这样说话能把同样的意思表达得不那么咄咄逼人。

3. 以问代答

一位班主任在听取班委会有关春游活动的组织计划汇报时插话问:"为什么每个同学的经费预算这么高呢?能否再节约一点呢?"以询问的语气来表达自己的意见,就显得比较温和而不强加于人。

使用委婉语言的技巧是:一方面要选取对方最易接受的角度,另一方面也要看对方的特点。因为不同年龄、素质的学生,对语言的理解推断能力是不同的。

(二)含蓄

在师生沟通中,有时因某种原因不便把某一信息表达得太清晰,而要靠对方从自己的话语中揣摩,体会出里面所蕴含着的真正意思,这种只需意会不必言传的手段,就称为含蓄。含蓄,是教师高雅有修养的表现,也经常表示出一种对学生的尊重,学生的年龄越大,文化程度越高,老师使用含蓄语言的频率也会提高。含蓄,在师生沟通中经常起以下几方面的作用。

1. 表达观点

一位大学生向心理学教师咨询,说他和一位女同学感情很好,可其他同学都说那位女生虽然品学兼优,但相貌平平,配不上他,为此他心里非常矛盾。心理教师觉得这类事很难明确地表示意见,因此,只是问那位学生,你知道这句名言吗——人不是因为美丽才可爱,而是因为可爱才美丽。学生听了老师的这句话,心里似乎有了主意。

2. 巧避锋芒

有时师生之间在某些非原则性问题上有不同看法,或者为了避免公开发表教师目前并不想发表的意见,教师可以用外交辞令式的含蓄暂时回避,让学生留有保持自己意见的余地,也可避免引起不必要的冲突。例如,一位教师在全班学生面前介绍一位因犯错误中途辍学后又回校报到的学生时,巧妙地说:由于大家都知道的原因,某同学终于在今天回到了自己的班级。这种说法既不伤这位同学的面子,也没有被全班同学误解,还包含着对这位同学浪子回头行为的赞许。

3. 暗示批评

有时含蓄的话语,是为了对学生的不良行为旁敲侧击,引起其注意,但又不太伤害他们的面子。例如,有几位学生在其他任课老师的课上捣蛋,课后,班主任找他们谈话,班主任只是说,班级打算开一次尊师演讲会,就请你们几位准备好上台演讲,做精彩的表演,几位学生一听,都脸红了,感到难为情,最后主动向老师认了错。

参 考 文 献

[1][美]阿黛尔·法伯,伊莱恩·玛兹丽施. 如何说孩子才会听,怎么听孩子才肯说[M]. 安燕玲译. 北京:中央编译出版社,2013.

[2][美]奥黛丽·里克尔,卡洛琳·克劳德. 孩子顶嘴,父母怎么办?[M]. 张悦译. 北京:北京联合出版公司,2012.

[3][美]盖兹达,等. 教师人际关系培养:教育者指南[M]. 吴艳艳,杜蕾,陈伟嘉译. 北京:中国轻工业出版社,2006.

[4][美]汤麦士·哥顿. 教师效能训练[M]. 欧申谈译. 台北:教育资料文摘杂志社,1980.

[5][美]托马斯·戈登. 父母效能训练手册:让你和孩子更贴心[M]. 宋苗译. 天津:天津社会科学院出版社,2009.

[6][日]汐见稔幸. 不吼不叫教孩子:不发火的育儿法[M]. 渊博译. 广州:广州旅游出版社,2014.

[7]安航涛. 微沟通:细节决定沟通成效[M]. 北京:机械工业出版社,2013.

[8]李进成. 有效处理学生问题的25个心理学智慧[M]. 上海:华东师范大学出版社,2013.

[9]林春,金琰. 班主任职业技能和工作技巧[M]. 北京:北京教育出版社,2009.

[10]齐学红. 优秀班主任都是沟通高手[M]. 北京:中国人民

大学出版社,2014.

[11]田国秀.学校师生冲突的成因分析与对策探究[M].北京:首都师范大学出版社,2012.

[12]邵秀娟.优秀教师的沟通技巧[M].芜湖:安徽师范大学出版社,2013.

[13]许岸高.有效沟通与解决冲突[M].北京:中国商业出版社,2014.

[14]叶玉宏.有效沟通,改变孩子的人生[M].北京:北京工业大学出版社,2012.

[15]罗伟娟.关于家校沟通内容和形式的研究[D].上海:华东师范大学,2006.

[16]陈梅.上海市农民工子女教育问题的若干思考[D].上海:上海师范大学,2007.

[17]陆春晔.影响小学家校合作的主要因素及应对策略[D].苏州:苏州大学,2010.

[18]周来娣.基于重叠影响阈理论对江阴市农村初中家校沟通的调查研究[D].苏州:苏州大学,2011.

[19]何彦娟.家校合作的现状思考和形式革新——以深圳市新秀小学为例[D].武汉:华中师范大学,2011.

[20]任雪梅.基于微信公众平台的中小学家校合作的研究[D].成都:四川师范大学,2012.

[21]闫学.手机里的家长学校——家校联盟微信公众平台的探索和实践[J].人民教育,2014(21).

[22]杨玲,王英凤,刘玥麟,曹秋雯.浅析微信在教育领域中的应用[J].鸡西大学学报,2015(2).

[23]艾为兵.我的微信治班之道[J].湖北教育,2015(4).

［24］徐赵莉.基于微信的家校合作方式教育革新——以宁波HD 学校为例［J］.时代教育,2015(5).

［25］沈君珠.指尖上的对话——搭建微信平台,开创小学英语新天地［J］.新课程研究,2015(5).

［26］王允明.基于信息化趋势下的英语教育生态圈构建［J］.英语教师,2015(9).

［27］薛瑞昌,王清.基于微信公众平台的家长培训应用研究［J］.中小学电教,2015(9).

［28］刘礼想,贾艳梅,李泳.基于微信平台的个人学习环境构建［J］.中国教育技术装备,2015(9).

［29］刘静,王君瑶.新媒介在家校协同教育中的应用［J］.管理纵横,2015(10).

［30］温爱娟.激发微信的正效应［J］.班主任之友,2015(11).

［31］何树龙.“群”聚正能量［J］.湖北教育,2015(12).

［32］刘晓华.关于家校沟通新方式的几点思考［J］.吉林教育,2015(16).

［33］魏振江.沟通——家校工作的桥梁［J］.学周刊,2016(27).

［34］赵国忠.教师最需要什么——中外教育家给教师最有价值的建议［M］.南京:江苏人民出版社,2008.

［35］曾伟华.有效沟通才是家长会的本意［J］.亚太教育,2016(33).

［36］任淑.沟通艺术在小学班主任管理工作中的运用［J］.教科文汇(上旬刊),2015(9).

［37］章深婷,陶然.微信在小学家校协同教育中的应用［J］.软件导刊(教育技术),2016(6).

［38］王莉. 小学家校合作的问题与对策研究［D］. 济南：山东师范大学,2012.

［39］司永红. 小学学校教育与家庭教育相结合的有效途径［J］. 中国校外教育,2015(13).

［40］张达红. 家校合作中的两难问题［J］. 中小学心理健康教育,2004,(7).

［41］Peter Hannon, Jo Weinberger, Beryl Page, Angele Jackson. Home – School Communication by means of Reading Cards［J］. British Educational Research Journal, 1986, 12, (3).

［42］Hristine Olmstead. Using Technology to Increase Parent Involvement in Schools［J］. Tech Trends,2013(57).

［43］Hristine K. Syriopoulou-Delli, Dimitrios C. Cassimos, Stavroula A. Polychronopoulou. Collaboration between teachers and parents of children with ASD on issues of education［J］. Research in Developmental Disabilities,2016(55).

［44］Furong Zeng, Guangtong Deng, Zhao Wang, Longfei Liu. We Chat：a new clinical teaching tool for problem – based learning［J］. International Journal of Medical Education,2016(7).

［45］Joyce. L. Epstein & Natalie R. Jason. School, Family and Community Partnerships Link the Plan［J］. The Education Digest, 2003(2).

［46］Comer ,J . P. School power ：Implications of an intervention project. New York ,NY：Free Press,1993.

［47］Linda M Raffaele；Howard M Knoff. Improving Home – School Collaboration with Disadvantaged Families：Organizational Principles, Perspectives ,and Approaches. 1999(03).

[48]Joyce. L. Epstein & Natalie R. Jason. School,Family and Community Partnerships Link the Plan [J]. The Education Digest, 2003(2).